项目管理全过程
从入门到精通

田金涛 著

化学工业出版社

·北京·

内容简介

做好项目管理对整个企业的良好运转和经营至关重要。本书从不同环节、多个层面全面阐述项目管理的工作体系,旨在打造一本实用性强的项目管理入门书。

全书共包括10章,2个附录。第1章主要介绍了项目管理基础知识,项目经理的工作内容、工作职责及应该具备的基本能力。第2~10章详细介绍了从事项目管理时,项目经理需要做的各项工作,具体包括项目的计划制订、范围管理、质量管理、进度管理、成本管理、沟通管理、采购管理、风险管理及评估复盘。2个附录分别为项目管理中主要环节流程图和项目管理常用术语解释,附录部分全部采用流程图和思维导图的形式,对全书重点内容和知识点进行了概括和总结,方便读者通过图和表就能轻松预览本书重点,把握全书脉络。

图书在版编目(CIP)数据

项目管理全过程从入门到精通/田金涛著. —北京:化学工业出版社,2023.3
ISBN 978-7-122-42805-9

Ⅰ.①项⋯ Ⅱ.①田⋯ Ⅲ.①项目管理 Ⅳ.①F27

中国国家版本馆CIP数据核字(2023)第016337号

责任编辑:卢萌萌　　　　　　　文字编辑:陈　雨
责任校对:宋　玮　　　　　　　装帧设计:梧桐影

出版发行:化学工业出版社
　　　　(北京市东城区青年湖南街13号　邮政编码100011)
印　　装:大厂回族自治县聚鑫印刷有限责任公司
710mm×1000mm　1/16　印张14　字数251千字
2025年1月北京第1版第1次印刷

购书咨询:010-64518888　　　　　售后服务:010-64518899
网　　址:http://www.cip.com.cn
凡购买本书,如有缺损质量问题,本社销售中心负责调换。

定　　价:69.00元　　　　　　　　　版权所有　违者必究

前言

再宏伟、再完美、再科学的战略谋划，最终也要落实到一个个项目、一件件实事上。不抓项目，一切都是空谈，项目是企业生存与发展的生命线。而项目管理又是项目成败的关键，做不好项目管理工作，企业就会出现一系列的不良后果，例如战略目标无法达成、收入失衡、市场份额丢失、客户流失、人才流失等。

本书旨在打造一本兼具权威性和实用性的项目管理书籍。一方面唤醒企业树立项目管理的意识，重视对项目的科学合理管理；另一方面让更多已经成为项目经理或管理人员的从业者，了解、学习更多的相关知识，拓展产品推广与营销渠道，提升企业管理质量。

本书在行文上语言简洁，叙述生动，没有死板的理论阐述，只有具体方法和技巧，紧贴实际，十分有利于读者阅读，便于读者在最短的时间内了解项目管理的知识。全书包括10章和2个附录。

第1章主要介绍项目管理基础知识，包括项目、项目管理的概念、特点；项目经理的工作内容、职责及应该具备什么能力。第2～10章从项目管理的多个环节、多个层面，全面阐述如何做好项目管理工作，帮助项目经理和项目新人快速入门，做好本职工作。详细阐述了项目经理在做项目管理时需要做的具体工作。包括制订项目计划、范围管理、质量管理、进度管理、成本管理、沟通管理、采购管理、风险管理及评估复盘。

2个附录分别为项目管理主要环节流程图、项目管理常用术语解释。这部分内容是本书的亮点，全部采用流程图或思维导图的形式，对相关知识与技巧进行了概括和总结。简单实用、通俗易懂，让读者通过几张图、表就可以轻松预览本书重点，把握全书脉络。

需要注意的是，任何一项管理工作都是处在一个不断变化的动态发展过程中的，本书虽然力求完善，参考了诸多理论，也有很多创新点，但在很多地方还有不尽如人意之处。加之作者知识有限，写作时间仓促，书中难免有疏漏之处，还望读者朋友积极指正，多提建议。

著者

目录

第 1 章
入职关键：项目基础知识速成

1.1　项目的概念　　　　　　　　　　　　　　　　　　002
1.2　项目的基本特性　　　　　　　　　　　　　　　　002
1.3　项目的生命周期　　　　　　　　　　　　　　　　003
　　1.3.1　概念阶段　　　　　　　　　　　　　　　　003
　　1.3.2　启动阶段　　　　　　　　　　　　　　　　005
　　1.3.3　实施阶段　　　　　　　　　　　　　　　　010
　　1.3.4　完成阶段　　　　　　　　　　　　　　　　012
1.4　项目管理　　　　　　　　　　　　　　　　　　　014
　　1.4.1　项目管理的概念　　　　　　　　　　　　　014
　　1.4.2　项目管理包含的要素　　　　　　　　　　　014
　　1.4.3　项目管理主要内容　　　　　　　　　　　　015
　　1.4.4　项目管理4个流程　　　　　　　　　　　　 017
1.5　项目经理基本职责与角色　　　　　　　　　　　　019
　　1.5.1　项目经理的基本职责　　　　　　　　　　　019
　　1.5.2　项目经理的角色　　　　　　　　　　　　　021
　　1.5.3　项目经理与产品经理　　　　　　　　　　　023
1.6　项目经理的3项核心能力　　　　　　　　　　　　 024
　　1.6.1　项目经理就是处理好人、事、财　　　　　　024
　　1.6.2　对人：协调各方的人际关系　　　　　　　　025
　　1.6.3　对事：抓核心，懂逻辑　　　　　　　　　　026
　　1.6.4　对财：既会花钱，又会赚钱　　　　　　　　027

第 2 章
制订项目计划：项目管理完美实施的保证

2.1　项目计划概述　　　　　　　　　　　　　　　　　030
2.2　项目计划的作用　　　　　　　　　　　　　　　　033

2.3　制订项目计划原则　　035
2.4　制订项目计划的步骤　　036
　　2.4.1　分析行业痛点和需求　　036
　　2.4.2　编制项目范围说明书　　038
　　2.4.3　确定项目时间周期　　042
　　2.4.4　确定项目团队人员　　045
　　2.4.5　确定项目成本计划　　049
　　2.4.6　确定项目交流计划　　050
2.5　计划制订的注意事项　　051

第 3 章
范围管理：清晰界定项目工作内容

3.1　项目范围管理概述　　054
　　3.1.1　定义范围　　054
　　3.1.2　项目范围管理　　056
3.2　范围管理计划　　058
　　3.2.1　范围管理计划的定义　　058
　　3.2.2　创建工作分解结构　　059
　　3.2.3　制订项目范围说明书　　060
3.3　项目范围变更　　061
　　3.3.1　项目范围变更的概念　　061
　　3.3.2　避免项目范围的恶意变更　　062
3.4　控制范围蔓延　　064

第 4 章
质量管理：保证项目产品输出质量

4.1　项目质量管理概述　　068
　　4.1.1　项目质量管理的定义　　068
　　4.1.2　项目质量管理的内容　　068
　　4.1.3　项目质量管理的原则　　069
4.2　项目质量计划　　071
　　4.2.1　项目质量计划的定义　　071

  4.2.2 项目质量计划编制依据 071
  4.2.3 项目质量计划编制方法 072
4.3 项目质量保证体系 074
  4.3.1 项目质量保证体系的定义、内容 074
  4.3.2 项目质量保证体系的建立 075
  4.3.3 项目质量保证体系运行方法 077
4.4 项目质量控制体系 079
  4.4.1 项目质量控制的定义 079
  4.4.2 项目质量控制的依据 079
  4.4.3 项目质量控制的方法 080

第 5 章 进度管理：抓牢项目管理的主线

5.1 项目进度管理概述 092
  5.1.1 项目进度管理过程 092
  5.1.2 项目进度管理过程流程 093
5.2 规划进度管理 093
5.3 项目活动 094
  5.3.1 定义活动 094
  5.3.2 排列活动顺序 094
  5.3.3 估算活动持续时间 097
5.4 项目进度计划 098
  5.4.1 项目进度计划概述 098
  5.4.2 项目进度计划的表现形式 099
5.5 项目进度计划的编制 101
  5.5.1 编制步骤 101
  5.5.2 编制依据 102
  5.5.3 编制方法 103
5.6 项目进度控制 105
  5.6.1 项目进度控制的概念 105
  5.6.2 项目进度控制的内容 106
  5.6.3 项目进度控制的措施 107
  5.6.4 项目进度控制的注意事项 111

第 6 章
成本管理：让自己项目的"性价比"最高

6.1 项目成本管理概述 　　　　　　　　　　　　　113
　　6.1.1 项目成本概念及分类 　　　　　　　　　　113
　　6.1.2 项目的成本结构 　　　　　　　　　　　　114

6.2 项目成本管理概述 　　　　　　　　　　　　　115
　　6.2.1 项目成本管理概念 　　　　　　　　　　　115
　　6.2.2 项目成本管理步骤 　　　　　　　　　　　115
　　6.2.3 项目成本管理过程 　　　　　　　　　　　117

6.3 项目成本计划编制 　　　　　　　　　　　　　117
　　6.3.1 项目成本计划的类型 　　　　　　　　　　117
　　6.3.2 项目成本计划的编制 　　　　　　　　　　118
　　6.3.3 项目成本计划编制方法 　　　　　　　　　119

6.4 项目成本预算 　　　　　　　　　　　　　　　120
　　6.4.1 项目成本预算必要性、定义和内容 　　　　120
　　6.4.2 项目成本预算编制的原则 　　　　　　　　122
　　6.4.3 项目成本预算编制的方法 　　　　　　　　123

第 7 章
沟通管理：扫清项目信息交流中的障碍

7.1 项目沟通概述 　　　　　　　　　　　　　　　130
　　7.1.1 项目沟通的定义 　　　　　　　　　　　　130
　　7.1.2 项目沟通的重要性 　　　　　　　　　　　130
　　7.1.3 项目沟通的分类 　　　　　　　　　　　　132
　　7.1.4 项目沟通的基本原则 　　　　　　　　　　134
　　7.1.5 保证项目沟通有效性的方法 　　　　　　　136

7.2 项目沟通计划的编制与实施 　　　　　　　　　139
　　7.2.1 项目沟通计划概述 　　　　　　　　　　　139
　　7.2.2 项目沟通计划的编制步骤 　　　　　　　　142
　　7.2.3 项目沟通计划的具体撰写 　　　　　　　　145

7.3	如何提高项目沟通效果	145
	7.3.1 针对不同沟通对象变换话术	145
	7.3.2 建立完善的沟通体系	148
	7.3.3 正确协调各接口的关系	150
	7.3.4 保持畅通的沟通渠道	151
	7.3.5 重视沟通效率，节约沟通成本	151
7.4	沟通中冲突处理技巧	151

第 8 章
采购管理：做好采购获得最优采购绩效

8.1	项目采购管理概述	154
	8.1.1 项目采购管理的定义	154
	8.1.2 项目采购管理的重要性	155
	8.1.3 项目采购的分类和方式	156
	8.1.4 与普通采购管理的区别	158
8.2	项目采购计划与流程	159
	8.2.1 项目采购计划的定义和内容	159
	8.2.2 项目采购计划的成果	161
	8.2.3 项目采购计划制订步骤	162
8.3	项目采购合同管理	164
	8.3.1 项目采购合同概述	164
	8.3.2 签订合同的原则和程序	166
	8.3.3 项目采购合同的管理	168

第 9 章
风险管理：决战项目需要"风险防治"

9.1	项目风险管理概述	170
	9.1.1 项目风险的定义和特征	170
	9.1.2 项目风险的类别	171
	9.1.3 项目风险管理的重要性	173
	9.1.4 项目风险管理的内容	174
	9.1.5 项目风险管理的原则	175

9.2 项目风险识别与评估　　176
　　9.2.1 项目风险识别方法和要点　　176
　　9.2.2 项目风险评估方法和要点　　179
9.3 项目风险的控制措施　　182
　　9.3.1 财务措施　　182
　　9.3.2 管理措施　　183
　　9.3.3 行政措施　　185
　　9.3.4 技术措施　　186

第 10 章
评估复盘：项目交付并不等于工作的结束

10.1 项目评估　　188
　　10.1.1 项目评估的概念、作用　　188
　　10.1.2 项目评估的内容　　188
　　10.1.3 项目评估的程序　　190
10.2 项目复盘　　191
　　10.2.1 项目复盘的概念　　191
　　10.2.2 项目复盘的内容　　192
　　10.2.3 项目复盘的步骤　　194
　　10.2.4 项目复盘的方法　　197

附录 1　项目管理主要环节流程图

1.1 项目管理整体框架图　　200
1.2 项目管理的生命周期　　201
1.3 项目经理个人技能导图　　202
1.4 项目全流程管理示意图　　203
1.5 项目计划制订流程图　　204
1.6 项目立项审批流程图　　205
1.7 项目验收流程图　　205

附录 2　项目管理常用术语解释

2.1 基线概述及项目管理的3个基线　　206

2.2	可交付成果概述及48个可交付成果	206
2.3	工作分解结构概述及工作分解结构表模板	207
2.4	里程碑概述及里程碑清单模板	209
2.5	甘特图概述及甘特图模板	210
2.6	干系人概述及项目干系人分析表模板	212
2.7	项目活动概述	212
2.8	敏捷概述	214

第 1 章
入职关键：
项目基础知识速成

对于刚入职的项目经理，很多新人既渴望又恐惧。渴望的是能够成为一名项目带头人；恐惧的是担心背负太多的责任，无法胜任。成为项目经理，学习入门知识无疑是最为基础且重要的一步。至于应该如何上手，本章提供了一些速成知识，希望能对新入职的项目经理有所帮助。

1.1 项目的概念

无论是大型集团型公司,还是小微企业、初创团队,要想正常运转并实现盈利的目的,一定离不开符合业务特性的项目支撑。项目一词的概念范畴很广,工程项目、创业项目、投资项目等,没法笼统地讲项目就是什么。因为每个项目都是依附于特定行业、特定企业而存在的,与行业类型、企业业务性质、企业发展阶段以及领导个人有关。

不同行业,不同企业,企业在不同的发展阶段,以及企业领导的差异,所做的项目不尽相同,可以说每个项目都是独一无二的存在。

那么,应该如何去理解项目的概念呢?这就需要从总体上把握。

项目,简而言之即项目管理的对象,关于其概念可以理解为:为创造独特的产品、服务或成果而进行的一系列独特、复杂的活动。而且这些活动相互关联,有着明确的目标或目的,必须在特定时间、预算、资源限定内依照合同完成。

1.2 项目的基本特性

从项目的概念中可以看出,一个完整的项目应该具有至少5种特性:目的性、独特性、限定性、复杂性、一次性。

(1)目的性

每个项目在实施前,就会制订出明确的目标,任何一个项目都是为了实现一个或一组特定目标而展开的活动。在整个项目实施环节,每一个环节的工作都需要围绕项目的整体目标而进行。

(2)独特性

项目具有自身的独特性,就像世界上没有完全相同的两片叶子一样,项目也会因完成要求、完成时间、达成的目标以及预算等的不同而不同。项目所产生的产品、服务或完成的任务与已有的相似产品、服务或任务,在某些方面都有或大或小的差别。

(3)限定性

限定性是指项目在实施过程中,会受到包括但不限于预算、时间和资源等诸多方面的限制。这是因为项目的实施中需要运用各种资源,而资源又是有限的,或者因外部环境、条件的变化与原先的计划产生冲突。

（4）复杂性

项目分为一次性项目或长期性项目，尤其是长期性项目，更复杂。项目在具体的实施过程中，外部和内部因素总是会发生一些变化，当项目目标发生变动时，它就不再是原来的项目了，而是一个新项目。或者限于执行者的认识问题，会使项目实际情况与预期产生一定的偏差，这样就造成了投入与回报的不确定性。

（5）一次性

有人常把项目和日常运作混淆，而一次性则是项目与日常运作的最大区别。项目有明确的开始时间和结束时间。要求在此之前从来没有发生过，而且将来也不会在同样的条件下再发生。而日常运作是无休止或重复的活动。

1.3 项目的生命周期

任何一个项目都有它的生命周期，即所有项目无论大小，都可分成具有完整生命周期的若干个阶段。换句话说就是，项目从计划提出到最终完成必须经过若干阶段。一个成熟项目的生命周期通常由4个阶段构成，如图1-1所示。

图1-1　项目生命周期的4个阶段

1.3.1 概念阶段

项目生命周期中最初期阶段，是概念阶段，此阶段最主要任务是明确项目实施意义，如何保证计划在未来执行和反馈中与实际尽可能吻合。项目的概念阶段又叫立项阶段，这个阶段有4个方面工作需要去做，如图1-2所示。

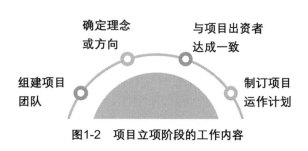

图1-2　项目立项阶段的工作内容

（1）组建项目团队

项目的概念阶段首要任务是组建项目团队，并确定关键成员。这一阶段的工作，一切围绕人展开，花大量时间、精力根据项目所需要的专业技术与行为确定合适人员。

那么,项目团队应该配备哪些人员呢?可以循着这两个思路寻找:第一,根据项目专业需求确定专业人才;第二,管理类人才,位于项目管理梯队中上层、具有领导才能的人才。

(2)确定理念或方向

确定项目团队后,接下来就是要向这些人阐述项目的理念或方向,包括前景、使命、目标、价值观、文化等。让团队中每个成员对项目有一个深入、透彻的理解,尤其是理念和方向,往往是高于经济利益以外的更高目标,对项目的最终完成起着导向性作用。

(3)与项目出资者达成一致

任何项目都存在一定的风险,而风险的最大承担者无疑是项目出资者。这就需要项目管理人员,在项目立项阶段就已出现的、可能出现的问题,与项目出资者达成一致。这一点非常重要,不仅关系到项目的执行,还直接影响项目管理者与项目出资人之间建立良好、清晰的工作关系。

(4)制订项目运作计划

在项目立项阶段,制订项目运作计划是最主要的工作之一。在制订时具体可按照以下4个步骤进行,如图1-3所示。

图1-3 制订项目运作计划的4个步骤

①确定工作细分。

工作细分明确了项目正常运作所要做的工作,以及不同环节项目组人员需要采取哪些行动,相应的产出是什么。

例如,建造一面外墙,作为项目管理人员既要告诉泥瓦匠组人员要在规定时间内,将砖摆放在指定地点,也要告诉他们之后所有要做的工作,最终目的是要建一面外墙。

②工作任务排序。

在项目运作计划中需要列出完成每项工作所花费的时间,各项任务之间的关系,以及这些工作的完成流程、顺序等。工作任务排序可以使项目管理者获得项目运作计划的整体视野，工作得以明确。

需要注意的是，工作任务关系有多种表现形式。最常用的有以空间关系为基础的网状关系，以时间表为基础的甘特图，这个会在后面的内容具体介绍。

③确定关键路径目标。

确定关键路径目标是为了确保项目按照特定顺序彻底执行，从而不至于使整个项目停顿、拖延。尤其是对于无法确定的工作，应该在项目运作计划中进行充分体现，从而最大限度地降低这些工作对整个项目产生的负面影响。

例如，当计划在北方地区的冬天修建一座新旅馆时，应该在工程建设所需的期限上再加上一定额外的时间。这样做是出于对所使用的一些水泥可能在一定温度下无法正常凝固的考虑。

④确定任务所需资源。

确定任务所需资源，即确定工作序列中各项任务所需的资源，以及所计划的资源利用方式。同时，项目管理人员应该理解某项工作与其他工作之间的关系，这种关系或者以工作产品为基础（例如一项工作建立在前面工作完成的基础上），或者以关键资源为基础（例如一项工作与另一项工作使用同样的关键资源，当所需资源欠缺时该工作就会迟延）。

项目所需资源包括支撑项目运作的所有物资、资金以及所花费的时间和精力。还有人力资源，这是很重要的一项内容。人力资源即需要哪些技术，相应需要哪些人。哪些人是直属项目团队固定成员，哪些人只是为了完成项目而特聘的临时成员。哪些工作必须由项目管理团队成员直接完成，哪些工作可以被进一步分包。

1.3.2 启动阶段

项目启动阶段又叫开发阶段，一般意义上是指招投标结束，签订合同这一阶段。

项目启动是开始一个新项目的标志，在这一阶段，项目的计划将逐步成为现实，其中包括项目目标的确定、项目前景的评估，以及团队各种专业投入。同时，需要与领导该项目的团队进行全面沟通，为接下来的合作打基础。

为了更好地理解，接下来看一个创业项目的案例。

甲经过充分调研，计划成立一个互联网公司，这时"成立公司"就可以看作是一个项目。在具体实施上需要对项目进行详细分析。

第一，项目立项。

成立公司这个项目，在立项阶段的工作包括撰写商业计划书、竞品分析、团队组建、资质筹备、费用预算、项目立项。具体如表1-1所列。

表1-1　创业项目立项阶段的工作内容

项目阶段	工作事项	实施方案及关键环节描述	交付		进度	备注
			内容	日期		
立项阶段	撰写商业计划书	根据项目需求拟订商业计划书	商业计划PPT			
	竞品分析	包括但不限于市场、产品分析	竞品分析PPT			
	团队组建	组织架构的确定及其人员安排	组织架构表			
	资质筹备	准备公司注册、运营所需的资质	资质汇总文档			
	费用预算	对整个项目实施所需费用精准预算	费用预算表			
	项目立项	对项目的项目周期、人力资源、可行性进行初步预估	立项表			

在这里重点强调"商业计划书"的重要性，这是项目立项的重要一步。做商业计划书需要解决如图1-4所示的3个问题。

图1-4　做商业计划书的核心

在正式制订计划之前，建议在团队核心成员之间进行一次商业计划的梳理，通过全面、系统的梳理会发现很多自己遗漏的点，也会发现风险所在。

第二，项目启动。

（1）需要做的工作

前期工作准备就绪后，项目就可以启动了。在此阶段需要做的工作包括商标注册、公司注册、备好公司资质、申请项目专用账号。另外，还有一些其他工作，需要结合项目具体情况而定。

①注册商标。

当项目已经立项，就要开始做相关知识产权的筹备工作，商标注册可以自己做也可以找专业的商标注册公司。先确认好自己项目所在的赛道，在商标分类表中选择所需注册的商标有哪些类。

拟定好项目名称后，可以先在网上查询商标是否被注册，经常用的网站是中国商标网，精准度较高。

②注册新公司。

新公司注册可以找中介，也可以亲自去做，无论采用哪种方式，表1-2中所列的基本资料基本上都是要提前准备好的。

表1-2　新公司注册基本资料

项目	要求
公司名称	多备几个，避免与已经注册过的重复
法人股东身份证复印件	
出资比例	
注册资金（认缴/实缴）	认缴年限最长60年
公司地址	
经营范围	
预留工商局电话	
地址租赁合同+产权复印件/备案证明/临商证明/预售合同	

③获取经营资质。

公司资质是企业经营和发展的关键因素。一般而言，公司的资质涵盖以下几个方面，如表1-3所示。

表1-3　公司设立及运营所需获取的资质

资质	解释
加载统一社会信用代码的营业执照	是公司合法经营的基本凭证，包括工商营业执照、组织机构代码、税务登记证三证。"三证合一"后形成"一证一码"，其中，"一证"指的是新的营业执照；"一码"则指"社会信用代码"，这是法人和组织在全国范围内唯一、终身不变的法定身份识别码
企业法人证书	用于证明公司法定代表人的身份及资格，是企业法人资格的合法凭证。持有此证书，标志着该企业法人正式成立，可享有法人应有的权利（经营活动除外），并承担法人应承担的义务
经营许可证	某些特定行业，根据法律规定需经主管部门许可后方可经营。经营许可证是这些行业合法经营的证明，主要作用是规范经营与销售活动。例如，烟草专卖许可证、药品经营许可证等
ISO认证	ISO（International Organization for Standardization）即国际标准化组织。该认证涵盖ISO9001（质量管理体系）、ISO14001（环境管理体系）和ISO45001（职业健康与安全管理体系）三个方面，因此又被称为三体系认证。

④申请项目专用账号。

手机号、QQ（注册不少于2个）、微信（注册不少于2个）、邮箱、客服电话以及抖音号、微博号、知乎等各类平台账号注册，最好不要用私人的手机号，后期人员调动更换会比较麻烦。

（2）项目启动阶段的注意事项

在项目启动阶段，各个方面都有可能产生矛盾与冲突，特别是在大型的项目中。因此，在此阶段图1-5所标注的事项需要格外注意。

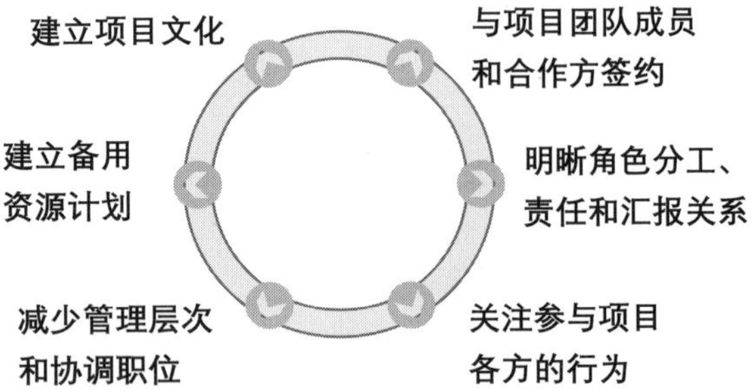

①与项目团队成员和合作方签约。

图1-5　项目启动阶段需要注意的事项

项目在启动阶段，项目经理很重要的一项工作就是先与项目团队成员及合作方签订合同。建立有效合同是合同各方彼此合作的关键，这意味着合同必须对所有参与方都是公平的。同时，合同要清晰地列出各方所提供的资源，以及能够提升项目绩效的激励措施。

另外，需要注意的是，合同协商是一个持续的过程，并不是在项目启动阶段因为各方暂时达成一致意见就结束了。在完成项目任务方面，信任比合同更重要，而且信任是持续建立起来的，只有不断地、公平合理地对待项目组织中的各方以及每位人员才能真正建立起来，因此，要充分尊重合同各方的意愿，并将这种意识融入整个项目过程中。

②明晰角色分工、责任和汇报关系。

项目启动阶段项目经理另一项重要工作是角色分工，搞清楚责任和汇报关系。很多的项目在运营过程中会产生大量不必要的、非常耗费精力的冲突，这是因为项目早期阶段，项目团队的各个成员大多没有清晰地了解各自的角色定位和相应责任。这项工作可以通过各种方式进行，但如果项目要有效地启动并成功，这项工作就至少要以各方都参与的某种形式迅速完成。

③关注参与项目各方的行为。

项目在启动阶段还需要关注参与各方的行为，这样才能为项目的最终执行奠定基础。将各方都能接受的工作、计划，拥有的信息，特别是负责项目实施的人士都考虑进来，将他们与合作方结合成一个整体，并在他们间建立强有力的联系。

最后，还要将各方的工作与项目经济因素联结起来，对参与项目各方反复灌输一些非正式的制度和行为规则。

④减少管理层次和协调职位。

在项目启动阶段参与管理的人越少，工作效率越高，完成任务的可能性越大。因此，在满足项目所需的前提下要尽量减少管理层，尽可能少地设立运作规则和制度。总之，为了有效达到目的，在集中控制和个人自由之间要取得平衡。

这也是为什么大多数成功的项目都会分解成几个子项目，分别由较小的团队来管理的主要原因。因为小型团队管理层次相对单一，能明确责任，去完成指定的任务。这样，负责项目具体实施的人员不仅有责任，而且有一定的权力，从而能够使项目得以成功执行。

⑤建立备用资源计划。

在项目资源计划中加上适当的额外备用资源，可以应付一些错误的发生，从而确保项目在紧急情况下有必要的资源补充。如果在预算和时间上没有预留额外的资源，在项目中就不能应付意外情况的发生了。

一个项目中有各式各样的"备用"安排。例如可以预留空余时间，鼓励项目成员的创新活动。在项目预算中列出一定的可自由支配的资金，供项目关键的资源提供者适量分配给那些试图"尝试"新做法的项目成员。

没有预备资源的计划，就会既不能鼓励项目成员创新，也无法使项目成员协作，解决意料之外的难题。当项目的任何成员需要为别的成员提供额外帮助时，如果没有备用的资源，就无法采取实际行动，甚至连设想合作都比较困难。

⑥建立项目文化。

项目的执行还有一项关键性工作，就是建立项目文化。这项工作包括确定并强化各种非正式的项目运作规则，并且使项目成员意识到自己是在做重要的事情。

当项目真正启动后，项目成员已经开始各自的工作，在项目中灌输更高的目标和更适当的行为方式的机会就已经逐步消失了。项目管理者一定要确保所有项目成员理解管理团队的理念，在项目执行过程中，强化管理层认可的行为，公开指出管理层不认可的行为。

项目管理者的另一项重要工作是建立适当的总结和学习机制。这种总结学习的机制可以是"讨论会"，项目成员在会上定期见面交流；或者是总结板报。只要能使项目成员保持学习的热情和动力即可。

每个项目在一个阶段完成后，进入下一阶段之前必须要顺利地通过前面一个阶段的阶段关口控制。要将本阶段的关口控制文件或关口控制审批做好。随着项目不断地向前推进，项目的投入将越来越多。因此，每个阶段都要进行阶段性审核或检查。上一阶段控制关口提供的文件将是下一阶段的启动文件。

1.3.3 实施阶段

项目启动后就进入了实施阶段，在这个阶段每项工作的进展都会加快，进程也会随着项目从早期计划阶段，转到更接近项目完成的成熟阶段。这个阶段是项目生命周期最重点的阶段，所做的工作也是含金量最高的，具体如图1-6所示。

（1）梳理工作流程

在项目实施阶段，工作的重点应该放在整个工作流程的建立和梳理上，目的是促进整个项目稳定、有效地开展，而不是项目团队中某一个阶段或某个成员的具体工作上。

当然，也会存在例外情况。例如当一项工作明显出现错误，或者负责完成工作的人员不能胜任该项工作时，管理层应该认真解决这些问题。因此，管理

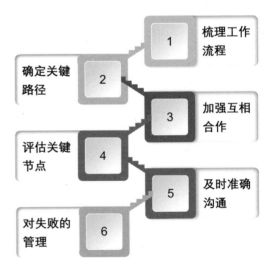

图1-6 项目实施阶段重点工作

层在坚持上述主要原则的情况下，也要关注所发生的例外情况。

（2）确定关键路径

在项目实施过程中，往往存在一条数学意义明确的关键路径，而且关键路径很容易被一些微小延误改变。因此，项目管理者应该随时确认最新的关键路径，并且及时通知项目组织中的每一位成员。

（3）加强互相合作

项目要想顺利进行，合作很重要，项目的实施最关键一点是项目小组之间的合作，而不是互相争夺资源。每一位项目成员都必须理解合作的价值，而不能"狭隘地维护自己的利益"。

有一个项目组织通过把一个橡胶足球传递到正处于关键路径上的小组成员手中，使所有组织成员都能及时知道关键路径在哪里。接到橡胶足球的小组明白他们的工作非常重要，而且也必须尽快将橡胶足球送到下一个关键路径节点上，此时，其他拥有"备用"资源的小组，也会尽力帮助接到橡胶足球的小组完成工作。

很显然，工作勤奋的小组一般不会使自己的工作处于项目关键路径上，因为接到橡胶足球既有积极的意义（表明自己的工作很重要），同时也隐含着消极的意义，即自己的工作在整个项目中是处于拖别人后腿的落后位置。

（4）评估关键节点

在项目中有许多相互依赖、相互影响的节点，一些工作的结果往往直接影响到下一步的工作。因此，必须时刻审查相互依赖的工作之间的变化，经常对项目工作进行评估，确立一项清晰的标准。

项目的每项工作都很重要，只有项目所有的工作都顺利完成，整个项目才算真正成功。最后，工作评估也确实能够使项目成员真正了解工作绩效的重要性。

另外，在项目开始时就最好能建立专门的外部评估委员会，外部评估委员会仅仅是项目的顾问，工作内容是对项目的进展做出阶段性评估，并且及时提供项目当前状况的独立评估报告。评估委员会的组成人员不能从项目获得直接利益，也不能与项目有任何直接关系，但是必须具备关于该项目所需的管理方法，或者所使用的技术等方面的专业知识和技能。

（5）及时准确沟通

在项目实施的过程中，沟通必须非常受重视，管理层应该建立完善的沟通机制，因为只有准确的沟通，才能使项目评估总结工作准确无误。

管理层如何才能提高沟通效果呢？关键是实地调查研究，并真正回答项目成员所提出的问题。许多成功的项目经理，总是毫不迟疑地公布项目的现状报告以供每位项目成员参考，而且不会只报喜不报忧，关键是要让项目组成员了解真实情况。同时，要维护沟通的渠道，及时劝阻或者惩罚任何传递不正确沟通信息的项目成员，当项目各项工作有序开展的时候，项目管理者应担负起建立、维护组织沟通渠道的任务，并且成为沟通的平台。成功的项目管理者应认识到，项目成员不仅需要了解他们所从事的工作，也需要了解所从事工作的背景。

（6）对失败的管理

越来越多的人认识到"无失败"管理既不实际也不可取，如果一个组织没有经历过任何失败，这说明该组织成员从来没有尝试过创新。因此，项目管理者应该做的不是消除任何失败，而是应迅速识别出失败，并做出终止失败的行为，然后从失败中吸取经验教训。如果将管理的重点放在"细查责任人"并且惩罚这些人上，实际上是在浪费精力和项目的资源。

一些项目之所以成功，并不是因为项目管理人员做好了每一项工作，而是因为更擅长消除工作失败所产生的影响。由于意料不到的情况时有发生，事情往往不会按照原计划那样发展，在项目中几乎每天都有困难发生，重要的是迅速识别困难、理解困难的本质，找到并实施替代方案。项目管理的根本在于解决所发生的失败，而并非建立一种不允许失败的组织。在失败被视为"禁忌"的组织中，项目成员不会及时识别已产生的失败，因而会导致失败长期存在下去。

在实际中，有许多项目经理非常关注项目费用率以及工作水准，这些确实是比较有效的衡量标准，也是反映项目所用资源及工作效率的重要指标。优秀的项目经理不仅能将工作重点放在项目的长期目标上，而且也关注项目短期的阶段性目标。

1.3.4 完成阶段

在项目完成阶段，项目人员要面临许多挑战。项目的完成阶段往往是最危险的时期，因为项目人员容易认为项目将很快完成，从而在态度上产生大量的焦虑或变得松懈。

其实，在这个阶段还有大量的工作要做，项目管理者应该发挥积极作用，更加有效地做好项目的各项工作。具体内容如图1-7所示。

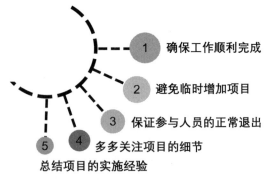

图1-7　项目完成阶段所要做的工作

（1）确保工作顺利完成

许多项目人员以及合同方在最后阶段经常忽略一些对项目非常重要的微小因素，因为在项目将要完成的时候，项目管理者已经失去了许多对项目合作方或者相关人员的约束力。

因此，项目管理者必须使项目保持在持续运营的状态，在这个阶段，与项目中关键人员和合作方每天开会，甚至一天开两次会，都不是什么新鲜的事情。项目管理者要持续评估项目的运作状况。这样做的原因是：在当前阶段已经没有时间进行漫长的沟通了，小的错误可能随时阻碍项目的最后进程。

（2）避免临时增加项目

项目工作范围的扩大可能使项目完工期限延长，从而为实施带来许多困难，并且增加预算成本。项目管理者应该认识到这样的事实，很多项目人员和合作方（特别是合同方）的本能意识，并不是完成工作，而是想扩大工作范围，并继续下去。因为人类有一种"不负责"的本性，即愿意从事他所熟悉的事务。因此，项目管理者必须仔细并迅速地开展工作，确保每一个项目成员和合同方，都按照明确的既定计划和方式完成各自的工作，并且结束与项目的关系。

（3）保证参与人员的正常退出

帮助项目成员和合同方正常退出是一种商业行为，也是一种道德行为。在项目中辛勤工作的人员，通常希望项目管理者帮助他们找到另一份工作，这件事情非常耗费项目管理者的时间，但是对于项目涉及的各方都非常重要。

由于项目总是具有一些独有的特征，项目中的一些人员或者小组有可能在另一个项目中重新合作共事。回报项目成员所做的努力，以及履行项目中的合同义务，可以在项目各方之间建立长期信任的关系，而且可以顺利完成项目在法律方面的一些要求。

（4）多多关注项目的细节

对于项目管理者而言，在项目完成阶段需要投入大量精力，并且密切关注工作中的细节。只有将成功的项目管理看作是在变化的环境中对人的管理，而不是一种按照预先计划的任务实施的过程，项目管理才会既富有挑战性又有趣味性。

项目管理是以理解项目的目标为开端的——无论如何，如果你不知道要向何处去，每条路都可能是你的选择——但是每个项目都需要那些深刻理解学习必要性的项目经理投入真正、持续的精力，并且随时进行调整，才能成功完成。

（5）总结项目的实施经验

项目管理者还要承担一项重要义务：将该项目中的经验传递给同类项目的下一代项目管理者。因而，项目管理者的工作重点应该放在项目记录和学习经验的整理方面。由于要等到项目真正完成后才需进行项目的事后总结分析，那么，这个时候就是收集相关资料的关键时期，因为随着项目成员和其他合作方的陆续离开，大量的数据和记录极有可能丢失。

项目是一项有计划的任务，涉及人力、资源、时间、技术目标，这些都会关系到项目实施的结果，因此项目在实施过程中需要注意以下细节：项目的相同点、项目管理与普通管理的差别、项目管理中常见的错误观点、过分地强调项目计划的重要性的原因、项目管理方式、成功项目管理的基础条件。

1.4 项目管理

1.4.1 项目管理的概念

项目管理是指项目的管理者在有限资源的约束下，运用系统的知识、工具、技能和方法，对项目涉及的全部工作进行有效管理。

这里有两点需要特别注意。

①条件性：有限资源的约束。

②技能性：运用系统的知识、工具、技能和方法。

1.4.2 项目管理包含的要素

项目管理通常包含4个要素，具体如图1-8所示，分别为范围（scope）、时间（time）、质量（quality）、成本（cost）。

（1）范围

范围也称"工作范围"，是指为了实现项目目标而必须完成的所有工作的统称。一般是根据项目目标分解得到，它指出了"完成哪些工作就可以达到项目目标"，或者

图1-8　项目管理的4要素

"完成哪些工作就可以结束项目"。

如果没有工作范围，项目就可能永远做不完。要严格控制工作范围的变化，一旦失控就会出现"出力不讨好"的局面：虽然做了工作，但却因与项目目标无关，反而影响了原定目标的实现，造成项目方经济和声誉的双重损失。

（2）时间

项目时间相关的因素用进度计划描述，进度计划不仅说明了完成项目工作范围内所有工作需要的时间，也规定了每个活动的具体开始和完成日期。项目中的活动根据工作范围确定，在确定活动的开始和结束时间时还要考虑它们之间的依赖关系。

（3）成本

成本是指完成项目需要的所有款项，包括人力成本、原材料、设备租金、分包费用和咨询费用等。项目的总成本以预算为基础，项目结束时的最终成本应控制在预算内。值得注意的是，在项目中人力成本比例很大，而工作量又难以估计，因而制订预算难度很大。

（4）质量

质量是指项目满足明确需求或隐含需求的程度。一般通过定义工作范围中的交付物标准来明确定义这些标准包括的各种特性及这些特性需要满足的要求，因此交付物在项目管理中有重要的地位。

另外，有时还可能对项目的过程有明确要求，比如规定过程应该遵循的规范和标准，并要求提供这些过程得以有效执行的证据。

时间、质量、成本这三个要素又合称TQC，工作范围在"合同"中确定；时间通过"进度计划"规定，成本通过"预算"规定，质量的确保在"质量保证计划"中规定。

以上要素是一个项目立项的基本条件，一个项目的工作范围和TQC确定了，项目的目标也就确定了。如果项目在TQC的约束下完成了工作范围内的工作，就说明项目成功了。

1.4.3 项目管理主要内容

作为项目管理经理，在对项目管理的定义和所含要素确定后，接下来是要明确地知道项目管理的内容，这是做好项目管理工作的前提。

项目管理的内容主要包括如图1-9所示的9项。

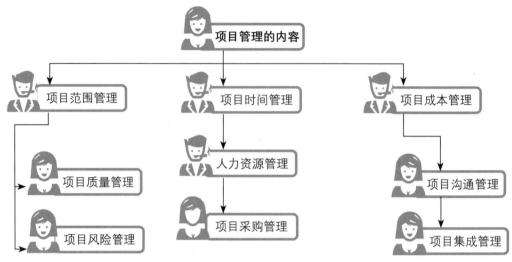

图1-9　项目管理的9项内容

（1）项目范围管理

项目范围管理是指为了实现项目的目标，对项目的工作内容进行控制的管理过程。它包括范围的界定、范围的规划、范围的调整等。

（2）项目时间管理

项目时间管理是指为了确保项目最终按时完成的一系列管理过程。它包括具体活动界定、活动排序、时间估计、进度安排及时间控制等各项工作，把时间管理引入其中，能够大幅提高工作效率。

（3）项目成本管理

项目成本管理是指为了保证完成项目的实际成本、费用不超过预算，对项目成本和费用的管理过程。它包括资源的配置、成本、费用的预算以及费用的控制等各项工作。

（4）项目质量管理

项目质量管理是指为了确保项目达到客户所规定的质量要求，所实施的一系列管理过程。它包括质量规划、质量控制和质量保证等。

（5）人力资源管理

人力资源管理是指为了保证所有项目人员的能力和积极性都得到最有效的发挥和利用，所做的一系列管理措施。它包括组织的规划、人员的选聘、团队的建设和项目团队管理等一系列工作。

（6）项目沟通管理

项目沟通管理是指为了确保项目信息合理地收集和传输，所需要实施的一系列管理措施。它包括沟通规划、信息传输和进度报告等。

（7）项目风险管理

项目风险管理是指涉及项目可能遇到各种不确定因素，所需要实施的一系列管理措施。它包括风险识别、风险量化、制订对策和风险控制等。

（8）项目采购管理

项目采购管理是指为了从项目实施组织之外获得所需资源或服务，所采取的一系列管理措施。它包括采购计划、采购与征购、资源的选择以及合同的管理等工作。

（9）项目集成管理

项目集成管理是指为确保项目各项工作能够有机地协调和配合，所展开的综合性和全局性的项目管理工作和过程。它包括项目集成计划的制订、项目集成计划的实施、项目变动的总体控制等。

1.4.4 项目管理4个流程

项目管理大致可以分为4个流程，如图1-10所示。

（1）项目计划

在项目管理过程中，计划的编制是非常复杂的，涉及多个项目管理知识领域。在计划编制的过程中，可看到后面各阶段的输出文件。计划的编制人员也要有一定

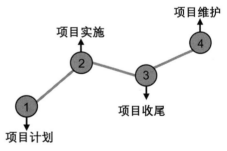

图1-10　项目管理的4个流程

的经验；在计划制订出来后，项目实施阶段将严格按照计划进行控制；需要变更时，所有变更都将因与计划不同而产生，也就是说，项目的变更控制将参考计划阶段的文件而产生。

有些企业为了追求低成本、高收益，会压缩项目计划编制时间，导致后期实施频繁变更。质量是规划、设计出来的，不是靠检查来实现的。所以，这样做既没有降低成本，也没有提高效益，反而会导致项目失败。

（2）项目实施

项目实施阶段是占用大量资源的阶段，此阶段必须按照上一阶段制订的计划采取必要的活动。项目经理应该将项目按技术类别或按各部分完成的功能，分成

不同的子项目,由项目团队中不同的成员来完成各个子项目的工作。

在项目开始之前,项目经理向参加项目的成员发送《项目任务书》,模板如表1-4所列。《项目任务书》通常规定要有完成的项目介绍、项目目标、验收标准、战略意义以及项目中主要人员的角色职责等信息。

表1-4 《项目任务书》模板

项目任务书			
项目编号		项目名称	
承担部门		项目经理	
管理类别		业务线	
项目级别		项目类型	
下达时间		合同编号	
简介			
项目目标			
增值目标			
验收标准			
战略意义			
角色职责	1.审核组 　组长:××× 　组员:×××、×××、…… 2.实施组 　项目经理:×××,负责…… 　开发人员:××× 　测试人员:××× 　……		

(3)项目收尾

项目收尾是整个项目的阶段性结束,即项目干系人对项目产品的正式接收阶段,以《项目总结报告》的出炉为标志。这期间包含所有可交付成果的完成,如项目各阶段产生的文档、项目管理过程中的文档、与项目有关的各种记录等。

项目收尾阶段的主要活动是,整理所有产生出的文档提交给项目建设单位。

此阶段是项目很重要的阶段，如果一个项目前期及实施阶段都做得比较好但不重视项目的收尾，那这个项目就会给人虎头蛇尾的印象，即使达到预期目标也总像没有完结一样。

项目的收尾是要对项目进行全面总结的，这个总结不仅意味着本次项目的结束，同时，也是为后面的项目提供一个可参考的经验。另外，还有一个非常重要的作用，就是给项目干系人安全感。

（4）项目维护

项目收尾工作结束后，将进入后续的维护阶段。后续的维护期工作是使项目产生效益的重要阶段，也是项目能够为客户提供服务的基础。

在项目维护期内，项目各个环节的工作都在运转，尤其是时间较长的，很有可能出现这样或那样的问题。这时，需要工程师进行日常维护，而维护期是贯穿整个项目始终的，也就是说，什么时候项目完全结束，将是项目维护期的终止。

1.5 项目经理基本职责与角色

1.5.1 项目经理的基本职责

项目经理是项目团队的领导者，负责项目目标的顺利实现，以及项目计划和实施过程中遇到的方方面面的事情。那么，项目经理如何做好自己的本职工作呢？接下来了解一下其基本职责有哪些。

项目经理的基本职责有3个，如图1-11所示。

图1-11 项目经理的3个基本职责

（1）计划

计划，即制订项目各类计划，是项目经理最重要的职责之一，经验丰富的项目经理会在项目初期，建立完备的计划。这对项目的最终成功非常重要，每个项目经理都应该重视计划，将整个项目的情况了解清楚，对每个环节每个步骤都做到心中有数，这样才能把握项目全局，更好地完成项目。

同时，对于计划，项目经理不能仅限于自己一个人清楚就行了，而是要分享、灌输到项目团队每个成员身上，当项目团队所有人都对项目有所了解的时候，士气才会相应增强。

(2)组织

组织是指为了项目的顺利开展,而进行的资源配置等一系列工作。换句话说,项目经理要清楚把项目做好都需要什么资源,以及如何调配这些资源。

资源主要包括人、财、物。比如人这类资源,要根据项目类型、特点,确定所需要的人员。项目经理需要制作一个用人计划,把需要的人员都合理安排。

例如,开发一个网页,就要确定需要几名后端开发人员、几名前端开发人员、业务专家、测试人员等。如果需要分包商,还需要提出来。

财务,是指支撑项目的所有开支,需要购买什么,何时购买,怎样招标等。物品,是指项目所需的基础设施、软件硬件,也要一一罗列。这是项目开展必备的,没有这些项目可能无法完成。

项目经理的组织工作最核心就是人、物、财,其中人是最关键的,把合适的人放到合适的位置,大家各负其责,使得每个人的才能都得以发挥,共同推进项目进展,是项目经理组织能力的重要体现。

(3)控制

在项目的整个实施过程中,项目经理做得最多的其实是控制,或者叫监控。将项目实施情况与计划作对比,以对项目进展情况进行把控。如果落后于计划了则马上分析问题,采取纠正措施,使执行时刻跟得上计划。

控制工作除了控制进度,还包括诸多方面,具体如图1-12所示。

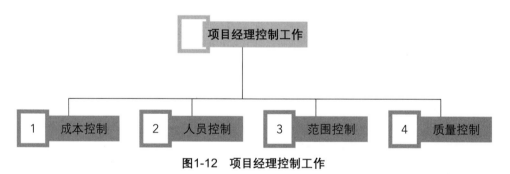

图1-12 项目经理控制工作

①成本控制。

成本控制是项目经理控制工作的主要内容之一。控制工作首先必须做好成本控制,即项目需要哪些支出,预计花费多少,实际花费多少,还剩多少及剩下的费用能不能支撑剩余工作量。对于这一切项目经理心里必须清楚,否则稍不留心成本就会超支。

以差旅项目为例,为什么出差,出差有没有意义,能不能解决问题,去几个人，是项目经理应该仔细评估的。实践证明，很多出差是没有什么成果的，但费用花了不少。疫情情况下，减少无谓的出差，结果发现项目也没有受到多少影响。所以，出差的事情，项目经理还是得仔细想想，客户让出差的真正原因是什么，不出差能不能解决问题。

②人员控制。

对人员的控制，这个话题就大了，聚焦一些，主要是对项目团队成员的监控。人员工作情况，是否符合公司或项目的管理要求，安全保密方面，都需要控制。让人员处于可控的状态，项目经理心里就踏实了。

③范围控制。

很多项目都会出现范围蔓延的情况。范围把控不好，项目永远也做不完。对于客户千奇百怪的需求，项目经理最好一一记录，但不承诺给客户做。大需求留到二期，一般更改合同不现实，那就二期再做，否则工作量过大客户还不掏钱，也没法向公司交代。小需求更得分析分析，小需求看似不大实则很麻烦，今天提一个，明天提一个，这工作量也着实不小。小需求也有可能影响到项目的整体进度，或对成本造成压力，因此，对于小需求适当做几个，让客户看到重视就够了，目的在于强化合作意识。

④质量控制。

客户一般不会重点强调质量，因为大多数人认为这是理所当然应该达到的。比如，做一个按钮，要把这个按钮做得美观、布局合理，可能要花费较大的时间和精力，而这些都是隐性的，如何把握好一个度才是关键。此时，项目经理可以根据客户的要求与项目的情况综合考虑。

先交一版功能正常的，后面客户要求用户体验好的版本需要时间打磨，也可以争取个二期，提升完善项目。质量控制方面，结合QA（质量保证）工作进行把控，项目的文档、系统的缺陷、代码的规范等内容，都是需要进行质量控制的点。

1.5.2 项目经理的角色

项目组在启动阶段，通常就会确定项目经理，目的是保证项目管理者对项目负责，并更好地理解项目的目标、利益及其相关。与一般经理相比，项目经理是通才，而不是专才，是项目推动者，而不是监管者。

项目经理对整个项目的运转负全责，在整个项目中发挥着决定性的作用。只有当项目经理全身心地投入到项目中去，项目才可能取得成功。项目在不同的阶段，项目经理所扮演的角色是不同的。为了很好地履行职责，项目经理必须充分了解自己在项目各阶段所扮演的角色。

项目经理在项目各阶段应做的工作如下。

（1）项目启动阶段

项目经理在启动阶段应做的工作如表1-5所列。

表1-5　项目经理在启动阶段应做的工作

序号	具体工作
1	草拟项目概念文件及项目章程
2	编制项目实施可行性文件
3	分析成本收益产出比

（2）项目计划阶段

项目经理在计划阶段应做的工作如表1-6所列。

表1-6　项目经理在计划阶段应做的工作

序号	具体工作
1	编制详细的项目计划文件
2	建立组织分解结构及工作分解结构表
3	编制或者帮助编制项目工作范围说明书、项目进度安排、沟通计划、风险管理计划（包括风险应急计划）、采购计划、配置管理计划、项目预算等
4	确保管理层、用户、有关的机构以及承包商遵守自己的承诺
5	确保项目计划得到审批并作为基准计划
6	为项目分配资源并确定工作包（资源计划）
7	批准项目质量计划以及配置管理计划

（3）项目实施阶段

项目经理在实施阶段应做的工作如表1-7所列。

表1-7　项目经理在实施阶段应做的工作

序号	具体工作
1	管理日常项目工作并为项目团队成员开展工作提供指导
2	定期检查项目进展状况，将预算与实际价值进行比较
3	定期检查项目网络图，将进度基准计划与实际完成进度比较
4	确保项目计划经常更新，必要时由利益相关方共同签署

（4）项目控制阶段

项目经理在控制阶段应做的工作如表1-8所列。

表1-8　项目经理在控制阶段应做的工作

序号	具体工作
1	变更项目预算及项目进度安排，需要时提供变更建议
2	检查、保证审查结果的质量
3	审批产品项目变更
4	审查项目风险，建立风险应对策略与程序

（5）项目收尾阶段

项目经理在收尾阶段应做的工作如表1-9所列。

表1-9　项目经理在收尾阶段应做的工作

序号	具体工作
1	对未通过测试验收的产品重新编制行动方案
2	得到客户及项目管理者对所完成产品的认可
3	对于尚未解决的事项进行收尾工作
4	编写项目总结报告
5	开展项目经验/教训的交流活动
6	进行财务方面的收尾活动
7	将所有的项目有关文件、数据进行归档
8	必要时参加并协助项目审计

1.5.3　项目经理与产品经理

在这里强调一点，有很多人将项目经理与产品经理搞混了，认为做项目就是做产品，其实，两者并不完全相同。

（1）管理对象不同

产品，是指能够供给市场，被人们使用和消费，并能满足人们某种需求的物品、服务或成果；项目，是指为创造产品、服务或成果，实现满足人们某种需求而进行的一系列工作的过程。

由以上定义可以很清晰地看出，产品的范畴要比项目大得多，一个产品是由多个项目组成的。

（2）结果不同

产品是一种结果，强调实际东西的输出，而项目则是一个过程，对应产品产生的过程。产品的执行者通常是产品经理，而项目的执行者是项目经理；反过来说，产品经理对结果负责，项目经理对过程负责。

产品经理交付的是产品成果，最终交付给用户的产品，关注产品的成本、质量和体验，以及产品通过运营后转化的企业收益。

项目经理交付的是管理成果，最终交付管理层的工作报告，关注团队的士气、效能、成本，以及企业整体的生产效率的提升。

（3）关注点不同

产品经理的侧重点向外，关注用户和市场，比如，市场机会和竞争格局；用户需求和用户沟通等。解决的是做什么、卖给谁、赚谁的钱的问题。

项目经理的侧重点朝内，关注资源和进度、资源调配、资源效率、项目进度。解决的是如何用有限的资源在限定的时间内，按照质量要求把东西做出来。

产品经理想的是：把旗帜插到对面山头上去。插一面大旗还是小旗，是一面绿旗还是红旗。是不是要用混凝土加固下，什么时候再发起下一个项目。

项目经理想的是：怎么去那个山头，谁扛旗，扛多久，扛不动怎么办。至于旗帜插上去后下一步怎么办，会不会倒并不去关心。

1.6 项目经理的3项核心能力

1.6.1 项目经理就是处理好人、事、财

项目经理的能力非常重要，一个项目的成功百分百归功于这个项目团队，而失败则百分百责任在于项目经理一人。这看起来虽然有点夸大，但充分说明项目经理确实不好当。因此，项目经理必须具备胜任其工作的能力。

一名优秀的项目经理所需的能力很多。但如果围绕项目保障这个角度来看，只需掌握3个核心能力。具体体现在对人、对事、对财三方面。只要把握住这三大方面，基本就能够成为一个合格的项目经理，完成交付任务。

结合自身的工作实际，绘制了项目经理能力三原色图，如图1-13所示。

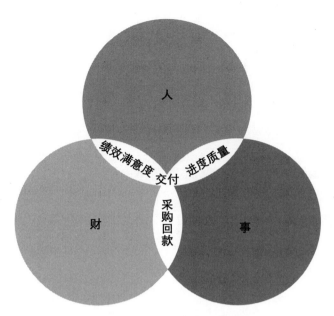

图1-13 项目经理能力三原色图

1.6.2 对人：协调各方的人际关系

对人，简单一点理解就是学会与人打交道，处理人际关系。这是每个项目经理必不可少的工作，能够帮助下属解决问题、让团队"听话"、协同不同类型人员的工作，并让其感受到你的诚意，这十分重要。

项目经理在团队中的角色，除了"火车头"之外，应该还是一个好的"催化剂"，能将大家很好地融合在一起，并且将其合作的力量进行催化和放大。

（1）共情能力

共情能力即换位思考能力，能够"听"懂每个人的问题、诉求，并洞察其背后真正的动机，可以站在对方立场考虑问题，不主动构建沟通壁垒。

（2）谈判能力

谈判能力即通过沟通、商量让双方达成一致的能力。项目上工作琐碎，工期一般几个月甚至几年，因此工作上难免要彼此妥协、互相包容。注重谈判和商量，而并非强制性命令。

（3）领导力

领导力即让团队信服、勇于承担责任并营造公平公正氛围的能力。项目经理不算真正的领导者，但仍然要行使领导者的义务，为团队创造更好的工作环境，给团队成员带来安全感，可以放心投入项目交付中，不担心做得多而背锅，不忧虑做得好而得不到肯定或者功劳归于别人。

（4）良好协同

良好协同的协同体现在两方面，一是能够配合好团队成员的工作，二是能够大胆放手将工作按模块划分至负责人，并让其对工作负责。大胆鼓励，谨慎指导。团队成员的成长也应是项目交付的隐性KPI。

1.6.3 对事：抓核心，懂逻辑

对事，就是对工作的处理，项目工作大多纷繁复杂，且除了项目交付工作外有时也要为客户或其他相关方承担很多额外工作。能捋顺工作内容，并将有限的资源（智慧、精力、时间）等正确投放十分关键。

（1）抓核心

即抓重点、抓关键，抓大放小、有主有次地处理工作。排工期、开小会、做业务，任何工作都要分解到合适的颗粒度，并一定要排列优先级，重点强调、安排优先级最高（或至多前三）的事件，否则将引发由于无重点带来的无效和浪费。

抓住了重点事半功倍，在项目各阶段项目经理的工作重点具体如表1-10中所列。

表1-10 项目经理在项目管理各阶段的工作重点

阶段	内容
启动阶段	识别和分析重要的项目干系人，确定项目的沟通策略
	让客户认可你。项目经理要尽快得到客户的认可，客户认可了你这个人，后面的工作就好开展了
	争取客户对项目的大力支持。没有客户的支持，项目实施寸步难行
	和客户一起弄清楚项目的范围，明确哪些做，哪些不做
规划阶段	要以终为始，和客户一起从项目验收倒推，确定进入验收的前提和各阶段的里程碑
	客户的参与非常重要，决定着后续项目实施能否顺利推进。要和客户一起制订出合理并得到客户认可的项目实施计划
执行阶段	积极主动地和客户领导以及自己领导进行沟通，争取他们的支持
	时刻强调以验收为目的的思想，强调每个任务的成果一定要是可以被检查的，时刻考虑如何检查结果，时刻考虑如何向客户交付

续表

阶段	内容
执行阶段	了解项目的状态，掌握好进度。如果项目经理沉迷于具体事务的处理，把其他事情抛之脑后，项目就会像没有舵手的船一样，随时会触礁。应经常站在全局的角度，对项目当前的状态进行评估。一方面便于掌控项目，另一方面可随时向领导汇报
	用好周例会会议纪要和问题记录表。周例会会议纪要记录会上达成一致的结论，要打印出来交各方签字确认。用来约束各方的行为，保障各方共同推进项目进展。问题记录表让项目组和客户对项目目前存在的问题有个底，知道各自的责任，有助于问题的顺利解决
收尾阶段	协助客户制订好验收计划，做好验收的相关准备，保证项目顺利验收
	总结项目经验教训。项目验收后，认真总结一下项目建设过程中的成败得失，对项目组成员和公司的提升都大有裨益

（2）懂逻辑

即能够透彻、清楚地了解每一个任务的前因后果，包含技术和管理的各个方面。面对事件，除了能够清晰描述每个任务为什么做（背景）、怎么做（步骤）、做得怎么样（检查点），还能承担起其他角色的工作，比如，客户、技术、商务等。

在项目开发工作完成后的收尾阶段，需要对产品进行测试，对产品最终质量负责。这时，项目经理就充当着技术人员的角色。测试是一个找问题、解决问题的过程，把可能出现的问题解决掉。这个过程中会涉及很多技术问题。

项目经理主要负责制订测试方案，设计关键测试数据和评审测试用例，负责实施软件测试，完成对产品的集成测试与系统测试，同时，还要将测试出的问题反馈给项目组进行二次修复，没问题后反馈产品经理进行产品的发布。

1.6.4 对财：既会花钱，又会赚钱

对财，核心是项目的成本管理和项目回款。项目成功交付的一个重要指标就是回款！但一个好的项目经理却不能为了回款而回款，而应学会从财务视角看待交付，以投入/产出的视角时刻审视项目工作，以防止成本超支、投入无效和避免因此造成的质量风险。

（1）估算价格

即可以通过历史数据、经验、谈判把握任务、事件或合同的价格，并保证误差在合理范围内。对价格的判断和把握有助于帮助项目经理在项目交付过程中并行处理很多商务工作，比如采购、报价、询价等，也可以更好应对每一次变更，

至少可以快速判断出成本上是否可行,给后续的决策和谈判提供依据。

(2)制订规则

即结合交付要求,通过制订规则实行对工期的管理、对供应商付款过程的管控。如何清晰将每份合同金额进行合理分解,结合项目制度统一落实付款动作,保障分包/采购工作合规,且符合真实项目需要,是每位项目经理都在苦苦探索的。

第 2 章

制订项目计划：
项目管理完美实施的保证

制订项目计划是项目管理中重要一环，有助于项目经理更便捷、高效地管理项目任务，跟踪项目进度，降低项目风险，评估项目健康度，保证项目有序进行。同时，项目计划不是一成不变的，在实际推进过程中需要根据执行情况进行调整。

2.1 项目计划概述

项目经理进行项目管理，第一项工作就是要制订项目计划。制订项目计划是极富逻辑性和理性的头脑风暴活动，项目经理必须进行全方位考虑和分析，按照一定步骤严格去做，否则，很难保证项目目标的达成。

然而，总有一些项目经理不愿意做计划，认为计划具有很大的不确定性，很多事情"计划赶不上变化"。并且认为，写计划完全是为了给领导看，无法真正地起到指导工作实践的作用。

计划确实具有不确定性，但做计划不是为了避开不确定性，而是为了更好地应对不确定性。做计划的过程，就是确认项目目标和范围、理清项目资源、思考项目任务和实现方法，及确定项目交付成果等内容，并且要解决项目实施过程中出现的质量、时间、成本、风险等问题。

通过这个过程让项目经理及其他人员在实际操作前，能够对项目有一个更加客观的了解，对项目周围环境有一个更加全面的了解，真正做到"知己知彼"。这样，即使发生突发情况，也能很好地应对，淡定地应对变化。

（1）定义

在整个项目管理中，制订项目计划是保证项目有序进行的重要一环。项目计划是项目的主计划或称为总体计划，是对项目的总体概述，它包括项目需要执行的过程、项目生命周期、里程碑和阶段划分等全局性内容。同时，还确定了执行、监控和结束项目的管理思路、方式和方法等。

（2）组成要素

项目计划是项目管理活动的规划性文件，是项目实施过程中项目管理的大纲和指导。那么，一个完整的项目计划通常由哪些要素组成呢？如图2-1所示。

| 范围 | 里程碑及工作任务 | 起止时间 | 人员 | 依赖性 | 关键路径 |

图2-1 项目计划的组成要素

①范围。

范围是指项目范围，即哪些内容是属于本项目的，哪些内容不属于本项目，它界定了项目边界。如果项目范围界定不清，工作和职责就会界定不清，项目就会一团糟。

②里程碑及工作任务。

里程碑是项目中完成阶段性工作的标志，标志着上一个阶段结束下一个阶段开始，是将一个过程性的任务集合用一个结论性的标志来描述，明确该集合的起止点。

里程碑是一个专业术语，在日常工作中大家并不经常使用这个词汇，而是使用"阶段"这个词。比如，通常说5月1日"测试阶段"完成，那么这个里程碑就达成了。但不会说5月1日"测试里程碑"完成，那么这个阶段就完成了。

工作任务是项目中需要具体完成的任务，每个任务需要拆解得相对比较独立，然后分配给一个小组或一个人来完成。考虑到项目的里程碑效应，一般是先确定项目的各个里程碑，一个里程碑对应一个阶段，然后对各个阶段进行拆解形成任务。

③起止时间。

任何里程碑和任务都要确定起止时间。一般来说，先要确定里程碑的起止时间，再切分出任务的起止时间。各个任务之间可以并行、部分重叠或因互斥而串行。

④人员。

人员是指项目成员，可以是全职或兼职，也可以是外包或者外聘的，视项目的复杂程度及可用的人力资源而定。投入项目的人员数量是根据（工作量·人）/天评估得出的。一般而言，人员数量都是比较紧缺的，但缺口不能太大，否则工作量就会严重超负荷，完不成项目的风险就会增大。

⑤依赖性。

依赖性是指里程碑或任务的先后依赖关系。依赖性的产生一般有两种情况：一种是任务B的输入是任务A的输出，那么任务B就依赖于任务A；另一种是因为人力资源或者软硬件资源不足，导致只有完成了任务A才能腾出资源去实现任务B。如果出现依赖性，项目计划的排期就需要做成串行。

⑥关键路径。

关键路径是指从输入到输出经过的延时最长的逻辑路径。通俗地讲就是将所有具有依赖性的里程碑或者任务串行起来之后形成次序，其中需要投入最长时间的那个次序就是关键路径。这个时间就是整个项目的起止时间。

（3）内容

为了创建、整合一个优质、完整的项目计划，项目经理必须运用项目整合管理技巧，尽量囊括项目涉及的方方面面问题，具体问题如表2-1所列。

表2-1 项目计划所要解决的问题

序号	具体内容
1	写清楚项目管理过程
2	写清楚每个特定项目的实施程度
3	完成这些过程需要使用哪些工具、方法与技术
4	选择的项目的生命周期和相关的项目阶段
5	如何用选定的过程来管理具体的项目
6	如何执行工作来完成项目目标
7	如何监督和控制变更
8	如何实施配置管理
9	如何维护项目绩效基线的完整性
10	与项目干系人进行沟通的要求和技术
11	为项目选择的生命周期模型。对于多阶段项目,要包括所定义阶段是如何划分的
12	为了解决某些遗留问题和未来的决策,对于其内容、严重程度和紧迫程度进行的关键管理评审

当然,并不是说所有的项目都包括这些问题,一些小规模的项目是不会涉及这么多的,可以适当删减。但作为项目经理,一定要知道一个完整的项目管理应该解决哪些问题,否则就很难从容应对各种不测。

（4）分类

根据不同的项目管理需求和项目内容,项目计划有多种表现形式,具体如图2-2和图2-3所示。

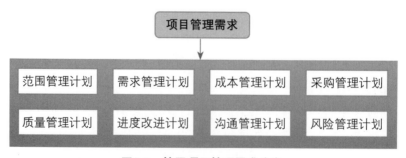

图2-2 按照项目管理需求分类

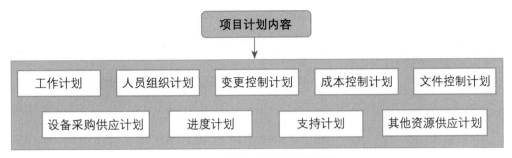

图2-3　按照项目计划内容分类

按照项目的组成分，项目又可以分为单一型项目、复合型项目两种。

①单一型项目。

单一型项目是指相对比较独立、基本不与其他项目或系统交互的项目。最典型的就是Microsoft Office办公软件，这类项目的管理者不需要考虑该软件的上游系统或下游系统是什么，只需要把本软件做好就可以了。

②复合型项目。

与单一型项目不同，复合型项目不能独立存在，要么需依赖于上游系统给它输入的内容，要么需将处理结果输出给其他下游系统，要么两者兼有。

比如股票交易系统，单纯地开发个股票交易系统一点用都没有，股票交易系统至少要对接行情报价数据（来自上游系统），还需要对接证券公司或者交易所的清结算系统（将成交结果输出给下游系统）。

需要注意的是，单一型和复合型本质上的区别是看组成，而不看项目规模的大小，单一型项目并不一定是小项目，而复合型项目也不一定是大项目。以Microsoft Office和股票交易系统为例，开发一个Microsoft Office要比开发一个股票交易系统工作量大太多了。区分这两者的目的是划清项目边界，这在项目管理中至关重要。

2.2　项目计划的作用

项目计划对项目管理工作至关重要，没有计划的项目就像没有目标的人生，无论走多远都是漫无目的的。好的项目计划对于项目经理而言有诸多好处，有助于更便捷、高效地创建、管理、管控、跟踪项目。

项目计划的具体作用，如图2-4所示。

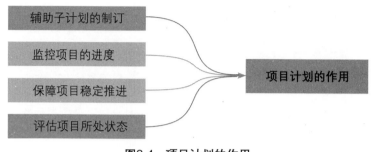

图2-4 项目计划的作用

（1）辅助子计划的制订

项目计划是其他各子计划制订的依据和基础，它从整体上指导所有子项目计划的有序制订。

确定了项目目标、项目范围以及工作分解颗粒度后，项目经理可以在ONES Project（研发管理工具）中，使用"项目计划"组件来创建工作分解结构（WBS），将项目目标拆解为计划和工作。

以计划作为WBS分解的中间层，表示项目目标、项目阶段或工作包；以"工作"作为WBS分解的最底层，代表可分配、可执行的工作，并标记各个工作的起止时间，规划项目进度。

（2）监控项目的进度

在甘特图中设置里程碑，通过里程碑将项目进度分解为不同阶段的目标，用以度量项目进度，确保项目总目标实现。

项目经理可以创建和管理交付物，并关联到相应的里程碑，ONES Project支持将交付物设置为文件或链接。每一份交付物的完结标志着该阶段的工作已完成，研发工作可以进入下一阶段。

（3）保障项目稳定推进

ONES Project支持在甘特图中为工作和里程碑设置四种不同的前后位置关系：

当"A"开始后，"B"才能开始；

当"A"开始后，"B"才能完成；

当"A"完成后，"B"才能开始；

当"A"完成后，"B"才能完成。

设置前后位置关系，可以让研发流程更加标准化，保障项目推进稳定、井然有序。

（4）评估项目所处状态

项目计划应该是动态的、灵活的，并且随着环境或项目的变化而变化。这些计划应该能够很好地帮助项目经理领导项目团队并评估项目状态。

因此，项目计划不是一成不变的，在项目推进过程中，可能会根据项目的实际落地情况对项目计划进行调整。ONES Project支持在项目计划中，将当前甘特图创建为快照，并将快照设置基线。

项目经理可以选择当前状态和任一基线进行对比，直观地了解项目的进度与基线版本相比哪里落后了，哪里提前了，帮助团队快速评估项目进度健康程度。

2.3 制订项目计划原则

项目计划作为项目管理的重要阶段，在项目中起承上启下的作用。因此在制订过程中要按照项目总目标进行详细计划。计划文件经批准后将作为项目的工作指南。因此，在项目计划的制订过程中需要遵循一些原则，常见的原则如图2-5所示。

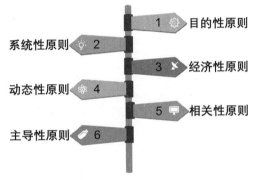

图2-5 制订项目计划6原则

（1）目的性原则

项目目标体系通过项目设计得以确立。而计划工作则是通过项目中的各项工作、任务和活动进行人员、资源、时间安排以促使项目目标的实现。因此，计划管理具有很强的目的性。

（2）系统性原则

项目计划本身是一个系统，由一系列子计划组成，各个子计划不是孤立存在的，彼此之间相互独立，又紧密相关。使制订出的项目计划具有系统的目的性、相关性、层次性、适应性、整体性等基本特征，从而使项目计划形成有机协调的机制。

（3）经济性原则

计划工作要讲究效率，要考虑投入和产出的比例。计划的效率不仅体现在成本控制上，还包括进度、质量等评价标准。

（4）动态性原则

项目的动态性原则是由项目的生命周期决定的。一个项目的生命周期短则数月，长则数年。在这期间，项目环境常处于变化之中，使计划的实施偏离项目基准计划，因此项目计划要随着环境和条件的变化而不断调整和修改，以保证完成项目目标。这就要求项目计划要有动态性，以适应不断变化的环境。

（5）相关性原则

项目计划是一个完整的整体系统，由很多子计划构成。构成项目计划的任何一个子计划的变化都会影响到其他子计划的制订和执行，进而最终影响到计划的正常实施。因此，制订计划要充分考虑到各个子计划间的相关性。

（6）主导性原则

计划是设计的体现，也是项目后期开展工作的指导。它在项目的执行、控制、收尾阶段之前进行，是进行其他各项管理工作的基础，并贯穿于计划执行之后的管理过程，因此，项目计划具有主导性。

2.4 制订项目计划的步骤

2.4.1 分析行业痛点和需求

行业痛点和用户需求是制订整个商业计划书的第一步。这一步的核心是如何去呈现一个用户的需求、痛点和问题。这也是项目最终目的所在。

很多项目经理在开篇描述自己的商业计划书时，往往是对公司的描述。大部分内容集中在：我是一家什么样的公司，成立于某某年，是做什么产品的，公司的愿景或者使命是什么。其实这样的信息放在开篇是无效的。因为对于投资人来说，他最关注的并不是你是哪家公司，而是解决了什么问题。

所以对于一个好的商业计划书，它一定是从一个创业者需要解决的需求和痛点开始的。分析行业痛点和用户需求，即点明项目集中解决的问题，通过对市场、行业做详尽的分析，看到存在的问题、发展机会。

智能家居是家具行业的新兴领域，具有极为广阔的市场前景。随着科技的迅猛进步和人们生活品质的不断提高，智能家居行业在未来必将迎来飞速的发展。

某家具生产制造企业，为顺应市场新趋势和满足消费者需求，计划开发全新的智能家具产品。在项目投产前，该公司已进行了详尽的调研分析，并围绕智能家居行业的核心痛点和用户需求，制订了周密的项目实施计划。

具体计划如下：

项目计划

一、项目背景

尽管智能家居市场潜力巨大,但现有产品种类繁多且未能切实解决用户痛点,满足其日益增长的需求。本项目旨在深度剖析智能家居行业的不足和用户需求,为产品研发提供精准指导,帮助企业打造更贴合市场需求的智能家居产品。

二、项目目标

1. 识别智能家居行业的关键瓶颈。
2. 深入洞察用户需求,包括功能、体验等多方面。
3. 为智能家居产品研发提供切实可行的建议。
4. 提升企业在智能家居市场的竞争力。

三、项目内容

1. 行业痛点分析
   ①设备兼容性不佳:不同品牌智能家居设备难以互联互通。
   ②安全隐患:智能家居设备易受黑客攻击,存在隐私泄露风险。
   ③操作繁琐:用户需学习多种操作方式才能控制智能家居设备。
   ④售后服务滞后:设备故障时,用户难以获得及时有效的售后服务。
2. 用户需求分析
   ①功能需求:用户期望智能家居设备具备远程控制、定时开关、场景设置等功能。
   ②体验需求:用户希望设备操作简单、界面友好、响应迅速。
   ③安全性需求:用户关注智能家居设备的安全性,保护个人隐私。
   ④售后服务需求:用户希望获得及时、专业的售后服务支持。

四、项目步骤

1. 数据收集:通过市场调研、网络搜索、行业报告等途径,广泛收集智能家居行业信息。
2. 数据分析:对收集到的数据进行整理、分析,明确行业痛点和用户需求。
3. 深度访谈:针对关键用户和行业专家进行访谈,进一步挖掘痛点和需求。
4. 制订建议:基于分析结果和访谈结果,制订针对性的产品开发建议。
5. 报告撰写:将分析结果和建议整理成项目报告,提交至相关部门。

五、项目时间计划

1. 第一阶段(1~2周):完成数据收集与初步整理。
2. 第二阶段(2~3周):进行深入数据分析,制订初步建议。
3. 第三阶段(1~2周):进行深度访谈,完善产品开发建议。
4. 第四阶段(1周):撰写项目报告并提交。

六、项目预算

本项目预计投入XX万元人民币,主要用于市场调研、数据分析工具购买、访谈费用等。

七、项目风险及应对措施

1. 数据收集不全:加强市场调研力度,拓宽数据收集渠道。
2. 分析结果不准确:邀请行业专家参与分析过程,确保结果精准。
3. 访谈对象不配合:提前沟通明确访谈目的,争取对方支持。

八、项目成果及评估

1. 项目成果:形成智能家居行业痛点和用户需求分析报告。
2. 评估标准:报告是否全面、准确反映行业痛点和用户需求;建议是否具针对性和可操作性;报告是否获得相关部门和用户的认可。

2.4.2 编制项目范围说明书

项目范围说明书是项目文档中最重要的文件之一。项目范围说明书是对项目干系人具有约束作用、说明项目工作范围的说明性文件。详细阐述做项目的原因；明确项目所产生的可交付成果；明确和规定好项目利益相关者之间达成共识的项目范围，为未来项目的执行和实施提供一个管理基准。

项目说明书的主要内容如表2-2所列。

表2-2 项目说明书的主要内容

序号	具体内容
1	描述项目范围、主要可交付成果、假设条件和制约因素
2	记录整个范围，包括项目和产品范围；详细描述项目的可交付成果
3	代表项目相关方之间就项目范围所达成的共识
4	明确指出哪些工作不属于本项目范围

按流程项目范围需要在工作说明书里事先约定清楚（公司内部的项目除外）。在项目实施中无论总项目还是子项目，项目管理人员在进行范围确定前，一定要有项目范围说明书。项目范围说明书的具体构成如图2-6所示。

图2-6 项目范围说明书的具体构成

(1) 引言

引言部分包括4项内容，如表2-3所列。

表2-3　项目计划引言部分包括的4项内容

×××项目引言			
编写目的	读者对象	参考资料	名词解释

编写目的在前面已经介绍过了，不再赘述。

①读者对象。

读者对象是指该文档需要哪些人阅读或者审核，不仅包括项目组内的成员，还要包括甲方的成员。一般不填写具体人员姓名，填写的是岗位名称。

②参考资料。

参考资料是指项目范围说明书在编写的过程中，参考到的一些材料。需要填写的内容包括标准规范、投标方案（或者采购协议、合同）等。

③名词解释。

主要是针对文中一些专业词汇进行解释，便于阅读人员理解。

(2) 项目概述

项目概述包括4项内容，如表2-4所列。

表2-4　项目计划中项目概述包括的4项内容

×××项目概述			
项目名称	项目背景	项目目标	项目建设范围

其中项目名称就是投标方案（或采购协议、合同）中的名称，两者应该保持一致。项目背景、项目目标、项目建设范围一般是1～2段概括性的文字，描述项目建设的核心关键，可以摘抄投标方案（或采购协议、合同）中的相关内容，也可以依据投标方案（或采购协议、合同）进行编写。需要注意的是，这部分内容有别于工作范围描述。

(3) 工作范围

工作范围也称项目边界，分为两部分内容，一部分是项目范围，另一部分是不包括的范围。

①项目范围。

多数情况下在投标方案（或采购协议、合同）上是有相关内容的，可以直接摘抄。如果没有的话可以按照下述方法进行划分。先根据项目中需要建设的系统进行划分，然后再根据建设系统进行功能模块的划分，最后根据模块的内容划分功能。

需要注意的是，划分的程度需要根据实际项目情况而定，因为不同公司对项目范围说明书要求不一样。

②不包括的范围。

在写不包括的范围时可以先与销售（或售前）沟通，明确哪些内容不需要进行建设，了解哪些是合同范围外的。例如，有的项目不需要进行系统开发，只需要前期的需求分析和原型设计，那么，这部分信息就可以写在不包括的范围内。切记不包括的范围在写之前一定要多沟通，确认清楚再写。

（4）双方职责

以建筑工程为例，双方即建设方和承建方，如果涉及监理方也可以写在里面。下面以不含监理方的一个建设项目为例，简单阐述下项目计划编写双方的责任，如表2-5所列。

表2-5 项目计划编写双方的责任

建设方	承建方
①项目需求及成果的确认 ②涉及相关部门的协调 ③组织各方进行项目验收 ④对承建方提交项目成果以及在实施过程中的相关资料，应尽到保密的义务 ⑤项目目标达成时，应在合同约定期限内向乙方支付项目费用	①依据合同在约定的时间内实现项目目标，并尽力满足过程规范，满足合同约定的项目质量要求 ②配合建设方进行项目验收 ③配合建设方完成项目资料的编写 ④对建设方提供的过程资料，应尽到保密的义务

（5）可交付成果

可交付成果是项目满足一个或多个目标的报告或产品，标志着一个或多个任务的完成。一般包括两部分，一个是主要交付成果，另一个是辅助交付成果，当然，有时候两者也会合并。

可交付成果的填写需要参照投标方案（或采购协议、合同）中的内容，一定不要出现遗漏。表2-6中所列表格的表头信息可以作为参考。

表2-6 项目计划中的表头信息

×××项目可交付成果清单					
序号	建设内容	分项	类型	验收项	交付形式

（6）验收标准、验收流程

验收标准和验收流程一般在投标方案（或采购协议、合同）中有明确的定义，可以直接摘抄。在此处，需要注意以下两点。

第一，如果之前没有提到过验收标准、流程，那需要提前和甲方进行沟通确认。因为这将是后续项目进行初验或者终验需要走的流程；如果实际验收流程与此处描述不一致，则需要在验收准备阶段再找对应的负责人进行确认。

第二，验收标准一般也是合同中规定的内容，成果达到了合同或技术规范中的要求就可以进行验收了。如果涉及到变更，建议在完成项目执行过程中，增加建设方、承建方双方均认可的项目变更。

（7）项目约束条件

项目约束条件一般包括政策约束、时间约束、成本约束和其他约束。时间约束一般填写的是项目履行期限，成本约束填写的是项目的成本，如果项目中有一些其他的约束条件，也需要添加进来。

（8）变更流程

流程变更需要分为两步走，先发起内部变更，当内部变更评审通过后再发起外部变更。下面以建设方提出的变更为例，编写了一个简单的变更流程作为参考。

在实施过程中，实际情况与设计、计划、合同存在不符的情形，变更流程如下：

①承建单位提出变更申请表，并附变更方案、变更预算和用户意见。

②提交建设方单位进行审核，建设单位批准后执行变更。

③涉及重大的变更应召开专家论证评审会，以专家意见作为变更审批的依据之一。

需要注意的是，项目范围说明书的撰写没有严格的统一标准，具体可以根据项目的实际情况来调整。一般来讲，只要具体产品的范围描述、验收标准、可交付成果、项目的除外责任、制约因素、假设条件等项即可。

2.4.3 确定项目时间周期

任何项目从提出到最终目标的达成,都是有明确时间周期的,制订管理计划最重要的一个部分也是对时间的规划。

创建任务后,要对任务进行分解,列出每个任务预计的完成时间,并确定任务间的依赖关系,设置项目里程碑,最后将任务分配给项目成员。项目成员就可以根据时间查看计划,并根据计划了解自己要做哪些任务,应该怎么做。

比如,通过甘特图来进行时间管理,项目成员可以根据甘特图查看完成任务,当完成任务后,甘特图也会自动计算项目进度。在项目不断执行中,项目经理也可以通过甘特图跟踪项目进度,发现问题及时解决。

甘特图(Gantt Chart)又称为横道图、条状图(Bar Chart)。其是通过条状图来显示项目、进度和其他时间相关的系统进展的内在关系。利用甘特图进行项目时间管理,有很多好处,比如,使工作透明化,将项目中遇到的问题暴露出来,团队也可以根据现在的进度以及遇到的问题了解需要哪些帮助,更好地分配资源,减少开发进度被滞后的风险。

如图2-7中便是某项目的甘特图进度示意图。

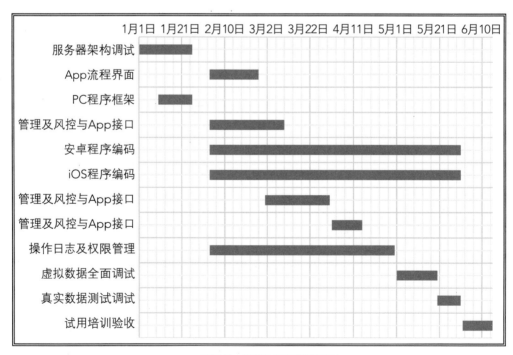

图2-7 某项目进度甘特图

关于甘特图的更多内容，可参考附录2中的术语解释，下面将继续介绍如何确定项目的时间周期。项目时间周期不能单一地理解为就是对时间的划分，它是多层次的、有体系的，有一个从总到分的过程。先对大的时间计划做出统筹安排，然后，再根据项目的进程一点点地细化下去。比如，总体时间规划，具体到每一项中也需要有详细的时间计划。

以建筑工程为例，一般来讲，项目的时间周期可以分5个层次，如图2-8所示。

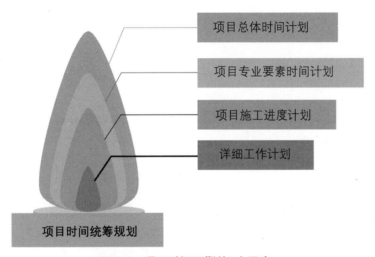

图2-8　项目时间周期的5个层次

（1）第1层次：项目时间统筹规划

这一层次是个里程碑式的时间表，它表示项目的总体时间，是项目初步可研的一部分。突出表示整个项目的主要活动、里程碑和关键交付物即可。这个层次的时间周期通常不要求更详细的时间表，可在报告或其他文件中体现。

这一层次的统筹规划通常由业主、高级主管或总经理创建，然后由承包商遵照落实。可在决策关键时点过程中使用，也可用于多个承包商/多个项目集成到一个整体计划中。

（2）第2层次：项目总体时间计划

第2层次时间计划是对第1层次内容的细化，扩充第1层次的时间规划，以显示区域或主要工程和主要设备的信息。也是第3层次时间计划的汇总，按进度、区域划分项目的总体时间计划，可用于高级别的管理报告。

这一层次的时间计划通常也是由"业主"创建的，作为项目总体时间规划的一部分，由承包商落实执行。可用于多个承包商/多个项目计划，以全面控制进度，内容包括设计、采购、施工等阶段中的里程碑和主要活动。这些里程碑和主要活动的进度，对上要符合项目总体统筹进度计划的要求，对下要约束以下各层次的进度计划。

该层次时间表的使用者包括但不限于总经理、赞助商、计划人员或项目经理。

（3）第3层次：项目专业要素时间计划

第3层次的时间计划是按照关键路径（CPM）方法编制的项目总体计划，本层次计划是第4层次计划内容的汇总或总结，以便向上层次管理层报告。该时间计划基于CPM的第4层次施工进度计划，通常由"主包商"编制，作为其项目投标过程的一部分。

本层次时间计划跨越整个项目生命周期，包括所有主要里程碑、设计、采购、施工、检验、调试和试生产要素。

如果第4层次计划表主要由供货商/分包商制订，在项目的初始阶段，本层次时间计划应包含分包商投标书中的时间框架和限定条件。在项目执行阶段，该时间计划是整个项目协调的主要依据，它的使用者包括但不限于项目计划人员或项目经理、施工经理或业主代表、监工和工头。

（4）第4层次：项目施工进度计划

施工进度计划时间表，其中每个时间段应可以汇总至第3层次的某项时间计划中，并能表现项目总体时间概念。这是具体操作层次的CPM时间计划，要显示所有项目人员应完成的所有活动。其中的日期代表了完成某项工作预计开始和完成的时间。根据项目规模和工作的复杂程度，第4层次（施工进度计划）可以针对整个项目或项目的某部分。

这个层次计划应保持在一个合理的大小和详细程度，应该能很容易地用于管理、更新、实施。可以用于工程的主要部分，也可以用于诸如设计计划、采购计划或调试计划等过程。

一般来讲，第4层次计划代表部门经理或工程师的权限范围，因此，一个经理要负责计划中的所有工作。每道工序应该加载相应的资源，包括班组人力和施工顺序，以确保逻辑关系可行。对正在进行的工序，本层次计划应有短期的前瞻性，通常应能看到未来三周的详细活动，该层次时间表每两周可更新一次。它的使用者包括但不限于项目经理、监工和工头。

（5）第5层次：详细工作计划

详细工作计划是对第4层次计划的进一步细分和计划。这是一种短期的时间计划，用于显示在特定区域协调具体任务的详细时间安排。计划由监工或工头制订,以协调他们在细节层面的工作。根据工作的复杂性,定期更新,更新周期可以是一周、两周或一个月,以确保工序的平顺衔接。

这类计划使用者包括但不限于施工经理、工长、班组长、工头、领班。

2.4.4 确定项目团队人员

项目能否实现预期目标,有赖于一支强有力的团队,而组建高效项目团队的基础是选择合适的项目相关人员。一个完整的、理想的项目团队通常由6类人员组成,一类人对应一种职位,如图2-9所示。

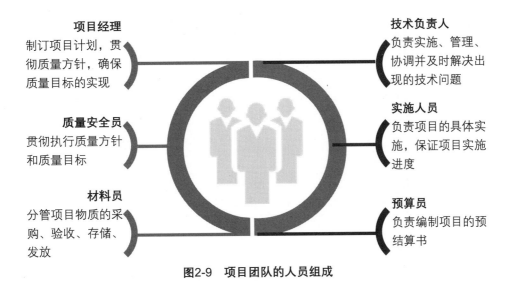

图2-9 项目团队的人员组成

项目部主要管理人员及职责说明如下。

（1）项目经理

项目直接负责人由具有项目经理资质、综合素质强、专业知识强,并有多年大型项目管理经验的人担任。主要职责是贯彻企业制定的项目管理政策、方针和质量目标,制订项目质量计划,领导和组织本项目有序进行,确保质量目标的实现。具体内容如表2-7所列。

表2-7 项目经理的职责

序号	具体内容
1	认真贯彻执行国家和上级的有关方针政策以及公司的各项规章制度,全面负责施工组织管理和施工质量

续表

序号	具体内容
2	负责组织各种资源完成本项目合同,对工程质量、施工进度、安全文明施工状况予以控制
3	制订施工组织设计和质量计划,负责编制总体进度计划,各项施工方案及质量、安全的保证控制措施并组织实施
4	领导技术人员完成质量记录及竣工文件的编制和移交,参加工程竣工验收交付工作,并对存在的问题予以整改
5	以企业法人委托人身份处理与工程项目有关的外部关系及签署有关合同等其他管理职权,对本公司负责
6	根据公司年、季、月度施工生产计划,组织编制施工项目年、季、月、旬计划以及劳动力、材料(周转工具)、构配件、机具设备、资金等需用量计划
7	科学地组织和管理进入施工现场的人、财、物等各生产要素,协调好与建设单位、监理单位、地方主管部门、分包单位等各方面的关系,及时解决施工中出现的问题,确保施工项目管理目标的实现
8	建立施工项目核算制度,加强成本管理、预算管理、安全管理,负责对一般质量事故的调查、评审和处置
9	接受有关职能部门、上级单位、地方主管部门等对工程项目的监督、检查和审计,定期向企业法定代表人(或委托人)报告工作

(2)技术负责人

项目部技术负责人接受项目经理和总工程师的双重领导,负责实施、管理、协调并及时解决本工程中所有的技术问题。技术负责人主要职责如表2-8所列。

表2-8 技术负责人主要职责

序号	具体内容
1	负责项目质量策划,组织编制质量计划并按规定报批,主持建立项目质量保证体系,将项目质量管理目标分解到各部门、班组和岗位。并根据实际情况进行检查实施监督
2	负责组织贯彻技术规范、规程和质量标准,认真贯彻实施各项管理制度和相关程序,对本项目人员违反操作规程和程序造成的质量问题负有领导责任
3	负责文件和资料的管理工作,确保现场使用的文件均为有效版本,指导和检查生产过程的各种质量记录和统计技术应用工作,确保质量记录的完整性、准确性和可追溯性
4	定期开质量例会,并及时向主管部门反馈质量信息

续表

序号	具体内容
5	负责审批本工程项目的"紧急放行"和"例外放行"报告
6	负责组织动员项目全体员工积极配合质量体系审核,认真制订纠正和预防措施;负责检验和试验人员、仪器设备的配备和管理工作
7	领导新技术、新材料、新工艺的开发应用和本项目的培训工作,指导项目,开展QC小组(由相同、相近或互补工作场所的人们自发组成数人一圈的小圈团体)活动
8	领导本项目质量评定和竣工交验工作

(3)质量安全员

工程安全与质量技术工作是工程顺利进行的必要条件,工程通常施工时间要求会比较紧,各专业交叉作业频繁,施工难度大,安全与质量管理工作会成为项目的重中之重,根据规范要求和实际情况安排多少名专职安全员、多少名专职质量员。

质量安全员主要职责如表2-9所列。

表2-9 质量安全员的主要职责

序号	具体内容
1	贯彻执行质量方针和质量目标
2	负责施工过程的检查、验收和质量评定,及时将质量检查结果报项目部
3	负责现场施工安全教育、安全检查并做好记录
4	负责质量记录的收集、整理、移交工作
5	参加一般质量、安全事故的调查评审,并负责上报有关材料

(4)实施人员

实施人员负责项目的具体实施,是从计划向目标实现的主要人员,全权对施工项目和施工一线工人负责。各实施人员的职责如表2-10所列。

表2-10 各主要实施人员的职责

序号	具体内容
1	确保施工过程按照质量体系文件要求进行
2	负责工程施工、工程质量和现场文明施工的控制
3	负责对不合格品纠正措施的实施

续表

序号	具体内容
4	负责对工人进行技能、安全、质量的教育和培训
5	负责对被列为特殊过程和关键工序的过程实施施工全过程的监控
6	贯彻执行质量方针和质量目标
7	负责项目经理部文件和资料控制工作
8	参加质量事故调查和分析，制订有关纠正和预防措施并跟踪实施验证

（5）预算员

预算员是对项目完成所需的最基本的人工、材料、机械等开支，以及税收、利润等做细致或粗略统计的人员。预算员多出现在建筑施工项目中，通常也被称为建筑预算员或土建预算员。因此，并不是所有的项目都需要设置预算员。预算员的职责如表2-11所列。

表2-11 预算员的主要职责

序号	具体内容
1	负责编制预结算书
2	负责工程每月工程量完成情况编制
3	负责工程工料使用情况分析，提出建设性使用意见

（6）材料员

材料员主要存在于建筑施工项目。材料员主要负责对该项目的材料进场数量的验收，出场的数量、品种记录，要对数量负责，并负责对该项目所进场的各种材料的产品合格证、质检报告的收集，还有对材料的保管工作；要对各分项工程剩余材料按规格、品种进行清点记录，及时向技术负责人汇报数字，以便做下一步材料计划。具体职责如表2-12所列。

表2-12 材料员主要职责

序号	具体内容
1	编制物资采购申请计划
2	负责项目分管物资采购工作
3	负责进场物资的验收、搬运、贮存、标识、保管、发放工作
4	负责物资验证的各种质量证明文件的收集、分类整理和移交

续表

序号	具体内容
5	及时向有关部门提交物资报表
6	负责对进场物资进行验证,并对物资数量和外观质量进行检验
7	对必须检验和试验的材料,通知试验人员抽样或全部送检
8	做好原材料、成品和半成品的标识和状态标识,并随时检查,保护标识
9	负责现场周转材料、工具的使用和管理工作

2.4.5 确定项目成本计划

做任何项目最终都会涉及花钱和赚钱,这时对项目成本的规划和管控就显得非常重要。只有将成本控制在合理范围内,才能实现项目利益的最大化。

项目的成本计划是指为规划、管理、花费和控制项目成本而制订的相关政策、程序文件。目的是对项目各项工作的成本做预先分配,为整个项目资金的用途提供指南和方向,全面反映项目资金的动态和流向。

确定项目成本计划,通常需要做好3个方面,如图2-10所示。

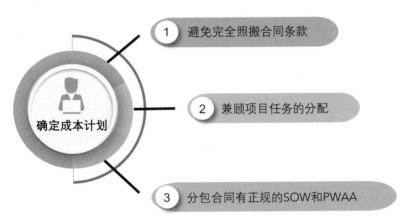

图2-10 确定成本计划需要注意的3个方面

(1)避免完全照搬合同条款

项目成本计划的制订是以合同签订之前项目成本估算、合同价格、预期盈利率为基础的。需要注意的是,虽然可以以合同成本估算为依据,但是不能完全照搬。因为合同签订之后,随着项目进度的调整、资源的变化以及其他客观环境的变化,项目成本必须做相应的调整,以达到最优化分配。

需要注意的是，调整的幅度如果较大，须得到项目管理委员会的同意，同时签署变更合同或分包合同变更协议。

（2）兼顾项目任务的分配

项目成本与项目任务的分配有很大的关系，因此，在制订成本计划时要兼顾工作任务分配实际情况，如果按照常规工作任务量进行分配，成本是可控的；如果按照时间段进行分配，成本是不可控的。

比如，遇到按时付费的项目，支付成本就和项目进度有密切关系。项目进度一旦被延误，就可能导致支付项目人员的成本增加。在这种情况下，项目预算成本与实际成本可能就要有差距，在成本预算时还要考虑到不可控因素，谨慎分配。

（3）分包合同有正规的SOW和PWAA

当项目中某项工作需要分包给公司以外的团体或组织时，需要和分包商签署SOW，这是scope of work的缩写，中文译作"工作说明书"。SOW的签署需要采购部的参与，采购部根据公司的流程对分包商的资信情况等进行审核。

分包合同中对所分包工作的详细描述就是SOW，SOW是对分包工作进行验收的重要依据。另外对工作进度、交货日期、质量标准、付款条款等内容也要在合同中进行明确。外部分包合同通常以固定价格的形式签署。

当项目中一项工作要分包给公司内部其他部门时，项目团队要和该部门签署PWAA，这是project work authorization agreement的缩写，中文译为"项目工作授权协议"。PWAA中包含对分包工作的详细描述和预计进度、预计成本、质量要求、验收标准等信息。虽然在公司内部不会因为工作分包而发生实际的货币流通，但是公司会对各部门的实际收入和支出有单独的核算，作为考核各部门绩效的重要依据。

2.4.6 确定项目交流计划

"项目计划"是项目管理中最难理解的一个术语，原因在于它不是一个固定的计划，而是在整个计划实施过程中都有可能改变的一类文件。就像线路图一样，项目计划只是给出了整个计划的前进方向，但在实际前行过程中会遇到修路或改路的情况，这时就得根据情况变化修改项目条款和细节。

因此，制订项目计划很重要的一个方面就是交流计划，用以计划在实施过程中各方的交流与反馈。项目交流计划的内容通常包括表2-13中所列。

表2-13　项目交流计划的内容

序号	具体内容
1	谁要看哪些报告，多长时间一次，及用哪种媒介
2	哪些地方核实时会容易出现问题
3	项目计划的信息在哪里保存，怎样获取
4	出现了什么样的新风险，可能带来什么影响
5	用什么新举措保证项目的质量

2.5 计划制订的注意事项

（1）确定并认识项目利益相关者

项目经理一定要记住，利益相关者不仅仅是雇佣你过来管理项目，而是要从项目中获得成果，这里指的是任何受到项目影响的利益相关者，其中包括客户和最终的用户。

那么在创建项目计划的时候就需要确定所有的利益相关者并让他们知道项目中的利益所在。项目经理要和项目的发起人以及关键利益相关者进行面对面的沟通，讨论其对项目的需求和期望，并确定项目范围、预算和时间表及相关的基线。

然后，形成一个范围声明文档，来确定和记录项目范围的详细信息，这样可以让每一个人在刚刚开始就了解项目的目标，以减少后面项目范围变更的机会。

这里需要注意的是，如果想要使客户满意，就需要事先了解客户的期望，并在实际项目中达成远超客户期望的利益。

（2）设置目标的优先级

项目经理获得了项目利益相关者的需求清单后，接下来就是要将这些需求进行优先级的排序，并按需求大小、重要程度，确定达成符合这些需求的项目目标的顺序。还包括通过这些目标的达成能够带来的好处。把这些写到项目计划中去，可以用来和各个利益相关者进行沟通。

尽管可能觉得项目中所有的一切都很重要，但如果遇到问题的时候，仍然需要根据紧急性和重要性开始解决，或者通过时间管理优先矩阵来帮助项目经理确定优先级。这种方式不仅仅可以用于计划中，也可以在项目的日常任务中使用。

(3) 充分考虑范围变更的可能

项目范围的变更往往是在不知不觉中完成的，在项目的原始计划中往往很难考虑到这一点，最开始可能只是"让客户不会投诉"，然后到应该"再多做点什么，这不是什么大不了的事情"，然后就会逐步扩展到你无法接受的程度，这个时候才发现已经无法回头了，一次次的累积足以拖垮整个项目直至以项目死亡结束。

如果在一个项目的项目计划中已经考虑到可能存在的变更并做好约束条件来避免这种情况的发生，并且每个人都清楚项目的目标的话，是不会出现恶性的范围变更情况的。

(4) 项目可交付成果清单

有的项目的可交付成果是看得见的产品，有的项目的可交付成果可能是看不见的服务，但不管是有形的产品还是无形的服务，都需要和项目的目标对应起来。

这里要注意可交付成果是否满足了项目当初设定的目标，或者是不是和当初预期的可交付成果是一致的，尤其需要注意的是，可交付成果并非只有一个，假如是阶段性的，则可能有若干个。

可交付成果确定后，接下来就是在项目计划中确定每个可交付成果的截止日期，也可以在后面的项目进度中确定日期，但不论是哪种，都可以提前根据项目整体的截止日期进行倒排。

这样一旦工作开始，就可以确保项目团队按照时间节点来完成关键任务，也可以按时跟踪进度，当列入项目可交付成果清单的事项一旦被完满实现，并交付给使用者——项目的中间用户或最终用户，就标志着项目阶段或项目的完成。

例如，某软件开发项目的可交付成果有能运行的电脑程序、用户手册和帮助用户掌握该电脑软件的交互式教学程序。但是如何才能得到他人的承认呢？这就需要向他们表明项目事先设立的目标均已达到，至少要让他们看到原定的成本控制目标、进度目标和质量目标均已达到。

第 3 章
范围管理：
清晰界定项目工作内容

在规定时间里有效利用资源，完成项目交付，获取干系人认同，是项目经理的核心工作。为了更好地抓住核心，实现对项目高效管理，这就需要进行项目范围管理。所谓范围管理，通俗地讲，就是要确定哪些工作是合同内应该做的，哪些工作是额外的。

3.1 项目范围管理概述

3.1.1 定义范围

项目范围管理的核心是对项目范围的界定，做好项目范围管理首先必须了解其核心词：范围的概念，以及定义项目范围的目的、作用和过程。

（1）概念

所谓范围是指以范围规划的成果为依据，详细描述项目的过程。明确所收集的需求哪些将包括在项目范围内，哪些在项目范围外，从而明确项目、服务或输出的边界。

（2）目的

确定项目范围的目的就是详细定义项目的范围边界，即应该做的工作和不需要做的工作分界线。界定项目范围的目的如图3-1所示。

图3-1 定义项目范围的目的

（3）作用

定义范围对项目的作用是多重的，具体体现在5个方面，如表3-1所列。

表3-1 定义范围的作用

作用	具体内容
确定最后的项目需求	在收集需求过程中，所识别出的需求并不一定全部包含在项目中，而定义范围过程就是一个从需求文件中选取最终的项目需求，然后制订出关于项目及其产品、服务或输出的详细描述的过程，可以大大提高需求的匹配度
提升项目估算准确度	定义范围可以增加项目时间、成本和资源估算的准确度，定义项目控制的依据，明确相关责任人在项目中的责任，明确项目的范围、合理性和目标，以及主要可交付成果
详细规划下一次工作	在迭代型生命周期管理的项目中，首先确立整个项目的高层次愿景，再基于当前迭代的项目范围与可交付成果的进展情况，精心规划下一次迭代的具体工作
更新和优化项目	项目范围的定义是不断迭代的过程，这是因为在项目规划过程中，随着项目进程的推进，以及内外部环境因素的影响，项目工作人员对项目信息的更深入了解，项目范围会发生变化。这时就需要在分析现有风险、假设条件和制约因素的基础上，对范围做必要的增补或更新
降低后期变更的概率	恰当地定义范围对项目成功十分关键，当范围定义不明确时，变更就不可避免地出现，很可能造成返工、延长工期、降低团队士气等一系列不利的后果

（4）过程

定义范围其实是一个不断变化的动态过程，有输入、有输出，还需要使用一定的工具和技术，其过程如图3-2所示。

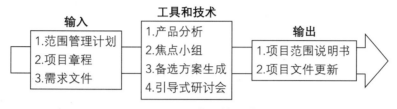

图3-2　项目范围管理过程

①输入。

a.范围管理计划：确定制订、监督和控制项目范围的各种活动。

b.项目章程：包含对项目和产品特征的高层级描述，还包括了项目审批要求。如果执行组织不使用项目章程，则应取得或编制类似的信息，用作制订详细范围说明书的基础。如果组织不制订正式的项目章程，通常会进行非正式的分析，为后续的范围规划提供依据。

c.需求文件：描述各种单一需求将如何满足与项目相关的业务需求，主要内容至少包括表3-2中所列的5类需求。

表3-2　5类需求及具体内容

需求类型	具体内容
业务需求	包括可跟踪的业务目标和项目目标、执行组织的业务规则、组织的指导原则
干系人需求	包括对组织其他领域的影响、对执行组织内部或外部团体的影响、干系人对沟通和报告的需求
解决方案需求	包括功能和非功能需求、技术和标准合规性需求、支持和培训的需求、质量需求、报告需求（可用文本记录或用模型展示解决方案需求，也可两者同时使用）
项目需求	例如服务水平、绩效、安全和合规性，以及验收标准
过渡需求	与需求相关的假设条件、依赖关系和制约因素

②工具和技术。

工具和技术泛指定义项目范围所使用的方式、方法，即采用什么样的方法实现从输入到输出的转变。常用的有表3-3中所列的5种。

表3-3 定义项目范围常用的5种方式、方法

工具和技术	具体内容
产品分析	弄清产品范围，并把对产品的要求转化成项目要求的方法。具体包括：产品分解、系统分析、需求分析、系统工程、价值工程和价值分析等
焦点小组	是一种群体访谈而非一对一访谈，由一位受过训练的主持人引导大家进行互动式讨论，可以有6~10个被访者参加。针对访谈者提出的问题，被访谈者之间开展互动式讨论，获取最有价值的问题
引导式研讨会	即把主要干系人召集在一起，通过集中讨论来定义产品需求的一种方法。这是一种快速定义跨职能需求和协调干系人差异的方法。由于群体互动的特点，被有效引导的研讨会有助于参与者之间建立信任、改进关系、改善沟通，从而有利于干系人达成一致意见
识别出多个可选方案	该技术用来产生执行和完成项目工作的多种方法。在这个过程中可应用很多通用的管理方法，例如"头脑风暴法"和"横向思维法"
专家判断法	每个应用领域都有一些专家，其经验可用于定义详细的项目范围说明书。他们的判断和专长可运用于任何技术细节

③输出。

a.项目范围说明书：正式明确了项目所应该产生的成果和项目可交付的特征，并在此基础上进一步明确和规定了项目利益相关者之间希望达成共识的项目范围，为未来项目提供一个管理基线。

b.项目文件更新：可能需要更新的项目文件至少包括干系人登记册、需求文件、需求跟踪矩阵。

3.1.2 项目范围管理

在对项目范围有详细的了解之后，再来学习项目范围管理就会容易很多。项目范围管理实质上是一种功能管理，是指对项目所要完成的工作范围进行管理和控制的过程和活动。直白地讲，就是要确定哪些工作是合同内应该做的，哪些工作是额外的。

项目范围管理的内容通常有5个，如图3-3所示。

（1）启动过程

启动是指正式开始一个项目或项目继续到下一个阶段的过程。而启动过程则是明确指定这一过程有一个重要的输出文

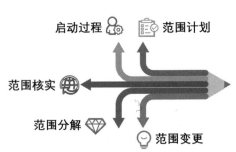

图3-3 项目范围管理的内容

档——项目章程的管理活动。

项目章程是一个重要的文档，该文档正式承认项目的存在，并对项目提供一个概览：规定项目的范围，明确项目经理、项目组成员的职责，其他干系人的职责。这也是项目范围管理后续工作的重要依据，因此千万不能忽略项目的启动过程。

（2）范围计划

"预则立，不预则废！"项目经理要想真正管理好项目范围，必须制订完善的计划。范围计划是在项目范围基础上形成的一系列文档，这些文档是用以衡量一个项目或项目阶段是否已经顺利完成的标准等，为将来项目决策提供基础。

要做好项目范围管理，首先就是周密地做好范围计划的编制。做范围计划编制工作需要参考很多信息，如产品描述、项目章程，在此基础上进一步深入和细化。

在范围计划的编制过程中，还有一个重要的输出是范围说明书。那么，范围说明指的是什么呢？是指在项目参与人之间确认或建立了一个项目范围的共识，至少要说明项目论证、项目产品、项目可交付成果和项目目标，作为未来项目决策的文档基准。

（3）范围核实

范围核实是指对项目范围的正式认定，项目主要干系人，如项目客户和项目发起人等要在这个过程中正式接受项目可交付成果的定义。

这个过程是范围确定之后，执行实施之前，各方相关人员的承诺问题。一旦承诺则表明你已经接受该事实，那么你就必须根据你的承诺去实现它。这也是确保项目范围能得到很好的管理和控制的有效措施。

（4）范围分解

一个项目的完成是个非常复杂的过程，必须采取分解的手段把主要的可交付成果分成更容易管理的单元，才能一目了然。

范围分解比较常用的方式是以项目进度为依据划分WBS，第一层是大的项目成果框架，每层下面再把工作分解。这种方式的优点是结合进度划分较为直观，时间感强，评审中容易发现遗漏或多出的部分，也更容易被大多数人理解。

（5）范围变更

范围变更是指对有关项目范围的变更实施控制，再好的计划也不可能做到一成不变，变更不可避免。变更不可怕，关键是对变更如何进行有效的控制。

控制好变更必须有一套规范的变更管理制度以保证在发生变更时遵循规范的

变更程序。通常对发生的变更，需要识别是否在既定的项目范围之内。如果是，接下来就需要对变更造成的影响进行评估，以及应对的措施；如果不是，那么就需要与用户方进行谈判，看是否增加费用，还是放弃变更。

因此，项目组必须在其项目管理体系中制订一套严格、高效、实用的变更程序。

3.2 范围管理计划

3.2.1 范围管理计划的定义

项目范围管理计划是项目管理团队确定、记载、核实、管理和控制项目范围的指南，规定和明确了项目内包含什么，不包含什么。它隶属于项目管理计划范畴，作为其中一项分计划。

项目范围管理计划可以是正式的，也可以是非正式的，可以是详细的，也可以是概括性的，具体需视项目的要求而定。

项目范围管理计划是一种规划工具，通常包括创建与定义工作分解结构；编制一个详细的项目范围说明书；将项目的主要可交付成果和项目工作分为更小、更容易管理的部分；进行范围确认，正式接受可以完成的项目范围；考虑项目范围的变更。

综上所述，项目管理计划的内容总结起来有4个，如图3-4所示。

图3-4 项目范围管理计划的内容

3.2.2 创建工作分解结构

工作分解结构（WBS）是面向可交付物的项目元素的层次分解，它是一个详细的项目范围说明的表示法，明确并定义了项目所要完成的工作，是组织管理工作的主要依据，是项目管理工作的基础。由于最底层元素是能够被评估的、安排进度的和被跟踪的，因此，也有助于项目干系人检查项目的最终产品。

工作结构分解的过程就是为项目搭建管理骨架的过程，是实施项目、实现最终产品或服务所必须进行的全部活动的一张清单，也是进度计划、人员分配、预算计划的基础。这些工作主要包括5项，如图3-5所示。

形式是工作分解结构（WBS）的具体表现，工作分解结构较常用的表示形式是表格，主要有层次树结构和足结构图，类似于层次化的图书目录。

图3-5 工作分解结构（WBS）的内容

创建工作分解结构采用的是分解技术，分解时需要遵循一定的步骤，分别为：

第一步：识别和确认项目的主要组成部分。
第二步：分解并确认每一组成部分的时候分解得足够详细。
第三步：确认项目主要交付成果的组成要素。
第四步：核实分解的正确性。

另外，还需要按照既定原则进行，常用的原则如表3-4所列。

表3-4 工作分解常用的原则

原则	具体内容
原则1	在各层次上保持项目的完整性，避免遗漏必要的组成部分
原则2	一个工作单元只能从属于某个上层单元，避免交叉从属
原则3	相同层次的工作单元应用相同薪资
原则4	工作单元应能分开不同责任者和不同工作内容
原则5	最底层工作应该具有可比性，是可管理的，可定量检查的
原则6	应包括项目管理工作，包括分包出去的工作

3.2.3 制订项目范围说明书

项目范围说明书通常包括5个组成部分，如图3-6所示。

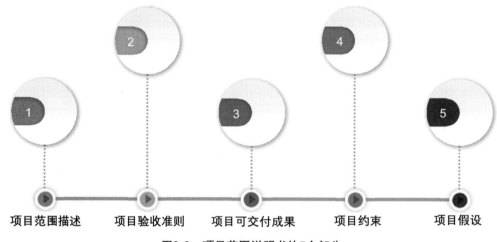

图3-6 项目范围说明书的5个部分

（1）项目范围描述

项目范围是对可交付成果的描述，是指项目要创建的东西。项目范围定义了需求范围、期待的可交付成果和详细设计文档等，这些组成了项目可交付成果清单。最终，这些可交付成果是要作为项目团队完成项目范围的结果而被用户接受的。

（2）项目验收准则

项目验收准则清楚地定义了项目必须创建什么，并且满足什么样的功能需求才能被用户接受和认可，才能被认为已经完成。项目验收准则很重要，因为模糊的项目验收准则使得项目持续时间不确定。

项目经理和用户必须在项目开始时就项目验收和结束的交付成果达成一致。随着项目开发和测试的循序渐进，项目验收准则需要以阶段性的进行方式来保证最终可交付成果的顺利验收和被用户认可。

（3）项目可交付成果

项目实施将以完成项目范围的形式创建客户能接受的可交付成果。包括但不限于：系统/产品、工具、详细设计、产品/系统使用手册、维护说明文档以及其他辅助的可交付成果。项目的可交付成果往往又被划分为较小的、更易管理的不同组成功能模块。

（4）项目约束

约束是指任何限制项目经理选择的事物。预定的预算、截止期限、资源、供应商和采用的技术等都是约束的例子。项目管理通常有三个约束：时间、成本和范围。这些有时被称作项目管理的三重约束。项目经理应该识别并记录所有已知的项目约束，才能对项目范围做更好的管理，实现成功的项目交付。

（5）项目假设

作为项目计划的一部分，一些假设（assumption）必须被提出以便更有效而及时地进行计划。关于硬件软件兼容性、资源可用性、解决方案持久性、干系人对项目的配合和承诺等假设都是常见的假设。

如果项目假设被证明是假的，所有的项目假设都应该在稍后的计划中被评估，以便确定它们对项目造成的风险，而项目管理计划应该做相应的更新。

3.3 项目范围变更

3.3.1 项目范围变更的概念

项目范围的变更是指，应项目本身的完善需求，或不同相关方的要求，对项目最终产品或最终服务范围的增加、修改或删减。项目变更是项目实施过程中不可避免的，也是由很多因素决定的，常见的有5点，如图3-7所示。

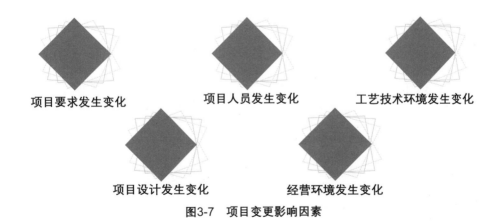

图3-7　项目变更影响因素

（1）项目要求发生变化

这是最常见的一种情况，主要源于项目客户对项目的需求和期望发生了变化。若以商务电子化项目为例，客户可能要求增加所建设的商务电子化系统某一方面的性能或特征；也可能由于客户财务状况恶化而降低了对项目的要求和期望。

（2）项目人员发生变化

项目实施过程中，发生人事变动、组织结构调整等，项目经理、项目技术人员可能会被调离，项目发起人也有可能发生变化，因此项目的要求、设计、技术以及经营理念都会随之调整。

（3）工艺技术环境发生变化

在项目实施阶段，出现了新的生产技术、手段或方案等，如果采用，对项目会产生较大的影响，一般都会导致项目范围发生一定程度的改变。例如，在某企业商务电子化项目开始后，发现了可以大幅降低计算机系统费用或提高性能的新的处理器或外围设备，导致项目团队和客户都希望采用新的技术。

（4）项目设计发生变化

在项目实施过程中，经常会出现种种困难，这往往会激励设计人员改进设计方案，提出实现项目目标的更好方法。这类变化一般是在项目实施以及设计思维逐渐成熟的过程中产生的。

（5）经营环境发生变化

项目外部环境的动态开放性，会引发项目经营环境的变化。例如，当客户发现其竞争对手或其供应链上的其他企业采用某种新的先进手段以后，要求其项目团队调整项目构思和方案设计，以应对竞争对手的变化。这样，原来约定的项目范围就会发生变化。

范围变更并不一定意味着不良后果，也可能会产生好的结果。但尽管如此，项目经理和项目团队，仍应尽量控制项目的变更，因为过多的变更或者一个显著的变更都会影响项目的工期进度、成本和质量。应该对项目变更加以管理，并根据组织机构的相关政策来检视变更的实施情况。

3.3.2 避免项目范围的恶意变更

项目的范围变更不可避免，但很多时候是恶意变更，这个时候就需要尽量去避免。那么，如何避免出现恶意的项目范围变更呢，主要的做法有5种，如图3-8所示。

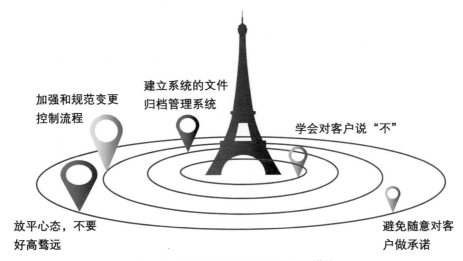

图3-8 避免出现恶意范围变更的措施

（1）加强和规范变更控制流程

项目范围随意变更导致危机的情况主要是因为缺乏正式的变更控制流程，如果没有一个流程来对项目变更进行审核、评估并决定，那么改变项目范围便会影响到计划，而且开始的项目就可能会变更原来的轨道朝着不同的方向前进。

一个项目经理每天可能要面对大量的工作，而人的记忆力又是有限的，没办法记住那么多，尤其是细节问题。所以，必须做好项目变更记录，通过详细的记录帮助项目经理记住所做的更改，从而可以回溯到为什么要进行范围变更的原因。

（2）建立系统的文件归档管理系统

在项目的执行过程中，每个人都会有自己的文件存档方式，这样就大大降低了沟通效率，造成了信息流通上的障碍。比如，一个人制订项目计划需要某一关键信息，但这个关键信息又在另一个人的存档中，而且该信息很有可能已经找不到了。

沟通效率的降低、关键信息的缺失，影响到了项目计划的执行。这时，项目就很容易出现额外的范围变更，而这种由于信息孤岛引起的额外变更是没有必要的。因此，为避免不必要的变更，项目经理要将初始的范围文档放在一起，通过项目管理和监控来定期进行文档更新，同时迫使项目团队成员在项目的交付过程中统一进行更新，避免出现信息遗漏的情况。

（3）放平心态，不要好高骛远

另一种导致项目范围变更的情况通常与项目经理的心态有关。有时候，项目经理需要超出项目预设本身的、额外的动作来证明自己的能力，并以此作为对个人的挑战。但实际上呢？真正实施起来仍然是由项目团队来完成，这样会对项目的真正计划产生影响。在商业环境中，可能会出现超出原定项目计划外的意外后果，如引入软件的新功能可能会产生与另一个软件项目的功能冲突。

（4）学会对客户说"不"

许多项目经理承受着"客户永远是对的"的压力，这在零售行业也许是真理，但在项目管理中则是不可取的。

对于一个项目来说，预算往往是几十万元、几百万元，甚至上千万元，这与零售业客户所面对的金额完全是两回事，项目计划中一个变化就可能花费巨额资金，另外包括人员和其他资源。因此，对于"客户永远是对的"这句话，项目经理要善于区别对待，客户要求范围变更的真正原因，要对不同的客户进行区别对待，知道什么时候说"是"，什么时候说"不"。

（5）避免随意对客户做承诺

尽管项目是在后端交付，但实际上假设推动签单项目的销售人员和客户一直保持着良好的关系，客户会绕过项目经理来影响项目范围变更。

当客户表明他们希望看到对项目的更改时，如果前端销售人员毫不犹豫地承诺"我们可以做到这一点！"第二天，销售人员就会和开发人员说"我们需要做这个……"那么作为后面的项目经理往往无法拒绝，最终我们都会知道项目的结果是什么。

当你在考虑项目计划的时候，需要注意可能存在无意中导致项目范围变化的行为。同时在面对无法拒绝的项目范围变更时，需要知道底线，并自己记录项目中发生的任何变化。

3.4 控制范围蔓延

项目在实施过程中如何做好需求管理，避免项目范围蔓延引发的成本增加或进度滞后，是项目经理共同的痛点问题。下面通过归纳范围管理中常见的问题、现象，总结了控制项目范围蔓延的三大原则，以供项目经理很好地预防与解决项目范围蔓延问题。

控制项目范围蔓延的三大原则如图3-9所示。

第 3 章 范围管理：清晰界定项目工作内容 065

图3-9 控制项目范围蔓延三大原则

（1）一致性原则

一致性原则是指需求交付、需求变更管理流程和相关术语等统一定义，以及各方对需求范围、需求描述的理解要达成一致。

容易造成违背一致性原则的常见问题有：客户在项目前期对产品、需求细节不熟悉，或者前期已认可的需求，在项目验收阶段又提出大量细节变更，甚至要求造成了项目的返工，严重影响项目按时交付。

①审查项目角色与职责，确定项目组织架构，明确需求允许实施与变更的最终决策者，制订统一的决策机制。

②统一定义需求关键词和功能模块用语，可通过原型法提供产品模型，使客户方提前参与产品体验，提升对产品的熟悉度，保证需求理解一致。

③提前规划关键阶段性交付成果的验收计划，创建WBS把项目可交付成果和工作分解，确保各方对交付成果与工作任务的理解，若发现偏差及时做出相应调整，保证对最终交付产品的认可。

（2）合理性原则

合理性原则是指当需求需要变更时，应先合理地分析、评估需求与项目目标的匹配度，及实现的可行性。

出于对客户合作关系的维护，当客户提出需求变更时，项目方一般很难直接拒绝。但通常又缺乏有效的引导，挖掘不出客户的真实需求，因而会导致需求范围偏离实际目标。

预防与解决方案有：

①当需求需要调整时，应与客户充分确定所需实现的目标匹配性，安排团

队、专家评估方案对进度、成本等的影响。若存在多个需求调整还应明确需求优先级，并与各方对解决计划和方案达成一致。

②当项目成员发现项目存在不完善时，应评估影响，以及确定是否属于项目交付范围内，通过变更调整功能方案，避免错位现象。

（3）规范化原则

规范化原则是指按照约定的变更流程执行需求范围变更，保证信息透明化，并做好跟踪与记录。常见问题包括无相关书面记录，接受口头形式需求变更，导致需求变更后无法及时跟踪。预防与解决方案同样有两种。

①坚决杜绝口头变更承诺。对特殊紧急情况下提出的变更请求，可以通过建立快速响应小组与决策机制，来确定需求变更执行人与最终决策者，保证能够按照流程规范变更，同时做好跟踪与记录。

②及时同步需求进展情况。合理利用项目例会、周报、月报等多渠道来通报需求变更的进展，保证项目信息的足够透明，使相关方能在第一时间了解项目的范围、成本、进度实际进展与偏差情况。

第 4 章
质量管理：
保证项目产品输出质量

在整个项目管理过程中，融入质量管理理念，并保持高质量的输出，对于赢得客户信任至关重要。质量管理是项目从一开始就必须遵循的原则和指导方针，良好的质量管理可以将项目失败和返工的机会降至最低。因此，项目经理必须做好与质量管理相关的所有工作。

4.1 项目质量管理概述

4.1.1 项目质量管理的定义

项目质量管理是项目管理的一个主要部分，高效的项目质量管理让项目管理事半功倍。质量是生命线，重视并有效开展项目质量管理对于夯实项目成果至关重要。

所谓项目质量管理，是指为了保障和提高项目的质量，运用一整套质量管理体系、手段和方法进行的一系列管理活动。其目的是将企业质量政策应用于规划、管理、控制项目及产品质量要求，以满足相关方目标的各个过程。

4.1.2 项目质量管理的内容

项目质量管理包括规划质量管理、管理质量、控制质量3个部分，如图4-1所示。

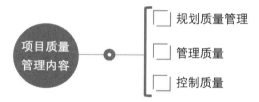

图4-1 项目质量管理的内容

（1）规划质量管理

规划质量管理是识别项目及其可交付成果的质量要求和标准，并书面描述项目将如何证明符合质量要求和标准的过程。通俗地讲，规划质量管理就是为整个项目中如何管理和确认质量提供指南和方向。项目质量管理需要同时兼顾项目管理和项目可交付成果。

以项目计划为基础，借助成本效益分析、标杆对照、头脑风暴、会议等工具和方法，经综合研究分析后，制订项目质量管理计划，明确如何实施质量政策，以及项目管理团队准备如何达到项目的质量要求。同时也应对相关质量测量指标进行明确，质量测量指标一般包括准时性、成本控制、故障率、缺陷频率、可靠性、可用性、测试覆盖率、适用性、有效性等。

（2）管理质量

管理质量是指通过执行规划的系统质量活动，确保所有必须满足的要求在项目中得以实现。管理质量包括质量审计和过程分析两部分。

①质量审计。

质量审计是一种独立审查以确保项目执行过程，符合企业或项目制订的方针、政策、标准和程序的管理活动。它是企业项目管理中非常重要的业务之一。

②过程分析。

过程分析是一种按照过程改进计划中概括的步骤和要求，来识别所要改进内容的具体技术。过程分析主要是对根本原因的分析，即识别问题、探究根本原因，并制订预防措施。

（3）控制质量

控制质量是指监督、记录质量活动执行结果，评估项目绩效，并进行必要变更的管理活动。控制质量对项目质量管理的作用着重体现在两个方面：一是识别过程低效或产品质量低劣的原因，建议并采取相应措施清除这些原因；二是确认项目的可交付成果及工作满足主要干系人的既定需求，确保最终验收。

控制质量是以项目计划、质量测量指标、质量核对单、工作绩效数据、批准后的变更申请、可交付成果、项目文件、组织过程资产等为基础，运行检查、抽样、审查、统计抽样等方法，对可交付成果进行核实、确认相关变更、输出质量控制测量结果或对项目计划和项目文件进行更新。

4.1.3 项目质量管理的原则

在对项目质量进行管理时需要制订明确的原则，并严格按照原则办事。原则的内容具体如图4-2所示。

（1）质量至上原则

做项目质量管理，首要的是树立强烈的"质量第一"的意识，坚持"质量至上"的原则。任何一个项目都与用户生产、生活、学习、娱乐等息息相关，质量不达标，直接关系到用户的利益，甚至生命、财产的安全。

图4-2 项目质量管理的6个原则

（2）服务管理原则

项目是为了满足用户的需求，尤其要满足用户对质量的要求。因此，进行质量管理就是要以用户为中心，坚持为用户提供最高质量的服务，把服务作为项目管理的出发点，贯穿到各项工作中去。

同时，要在项目内部树立"自己为自己服务"的思想。各个部门、各种工种、各种人员都有前后的工作顺序，在自己这道工序的工作一定要保证质量，凡达不到质量要求的不能交给下道工序，一定要使"下道工序"这个用户感到满意。

(3) 过程管理原则

过程管理原则是指将相关的资源和活动作为过程来进行管理。坚持过程管理原则能够降低成本、更高效地达到预期的目的；避免失误，了解问题产生的原因并适时地进行改进；控制偏差、缩短循环时间、增强对输出的可预见性。

(4) 系统管理原则

系统管理原则是指针对项目目标的制订，识别、理解和管理组建一个由相互联系的过程组成的体系。系统管理有助于提高项目的有效性和效率。

实施本原则要求制订出与项目的作用和过程输入相关联的、全面的、具有挑战性的过程目标，并将各个过程的目标与项目总体目标相关联。

使用系统管理原则的具体做法，如图4-3所示。

图4-3　使用系统管理原则的具体做法

(5) 数据管理原则

质量控制必须建立在有效的数据基础上，必须依靠能够确切反映客观实际的数字和资料，否则就谈不上科学的管理。

一切以数据说话，就需要用数理统计方法，对工程实体或工作对象进行科学的分析和整理，从积累的大量数据中，找出控制质量的规律性，从而研究质量的波动情况，寻求影响工程质量的主次原因，采取改进质量的有效措施，掌握保证和提高工程质量的客观规律，以保证工程项目的优质建设。

(6) 提前预防原则

在项目质量管理中，过去是消极防守，事后检验，现在应变为积极预防，事先管理。因为事先做好准备，才能防患于未然。项目管理的全过程必须事先采取各种措施，消灭种种不合质量要求的因素，以保证项目质量。如果各质量因素预先得到保证，项目的质量就有了可靠的前提条件。

4.2 项目质量计划

4.2.1 项目质量计划的定义

项目质量计划是指为确定项目应该达到的质量标准，以及如何达到这些标准而做相关的计划与安排。项目质量计划包含3项内容，具体见图4-4。

4.2.2 项目质量计划编制依据

项目质量计划制订的前提是确定编制依据，所谓依据，就是编制项目质量计划所需的各种信息和文件。具体包括5个内容，如表4-1所列。

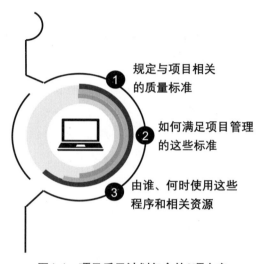

图4-4 项目质量计划包含的3项内容

表4-1 编制项目质量计划的依据

依据	具体内容
项目质量方针	质量方针是指由企业最高管理者正式发布的，该企业总的质量宗旨和方向。质量方针通常与企业的总方针一致，并为制订质量目标提供框架
项目范围描述	项目范围描述包括项目目标说明和项目任务范围说明，它明确地说明了为提交既定特性和功能的项目产出物，而必须开展项目工作和对于这些项目工作的具体要求
项目产出物描述	项目产出物是指项目为社会生产提供的物质产品、科技文化成果和各种各样的服务，比如，工业项目生产的产品、副产品。项目产出物描述指对于项目产出物的全面、详细的说明
相关标准和规定	项目组织在制订项目质量计划时，还必须充分考虑所有与项目质量相关领域的国家标准、行业标准、各种规范以及政府规定等
其他信息	其他信息是指除范围描述和产出物描述外，其他项目管理方面的要求，以及与项目质量计划制订有关的信息

4.2.3 项目质量计划编制方法

编制项目质量计划既要有确凿的依据,也要掌握一定的方法,常用到的方法通常有以下4种。

(1)流程图法

流程图法是用于显示一个项目实施过程、项目不同元素不同部分之间相互关系的一种方法。在项目质量管理中常用的流程图有两种,一种是系统流程图,另一种是因果图。

①系统流程图。

系统流程图又称程序流程图,示意图如图4-5所示,主要用于展示一个系统中各要素之间存在的相互关系。这种流程图的优势在于,可以帮助项目管理人员预测项目的哪些环节可能会发生什么质量问题,有助于提前解决质量问题。

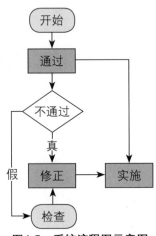

图4-5 系统流程图示意图

②因果图。

因果图又称鱼骨图,示意图如图4-6所示,主要用于说明各种直接原因或间接原因,以及各原因之间的关联性。

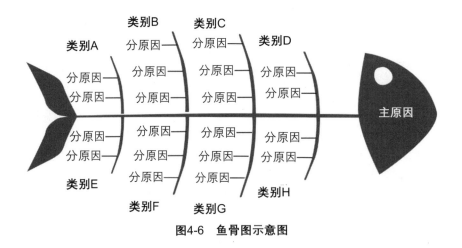

图4-6 鱼骨图示意图

(2)成本/收益分析法

成本/收益分析法也叫经济质量法,具体如表4-2所列,这种方法就是合理安排该项目的质量成本,以使项目质量总成本相对最低。

表4-2 成本/收益分析法中的4种成本类型

成本类型	具体内容
外部损失成本	是指产品进入市场后由于质量存在问题，导致项目额外产生的一切损失和费用，比如产品保修费用、责任损失费用、折旧损失费用等
内部损失成本	是指产品在交付前由于质量存在问题，导致项目产生的一切额外损失和费用，比如返工损失费用、停工损失费用等
鉴定成本	是指因为检验项目产品质量而产生的费用，比如工序检验费用、质量审核费用、成品检验费用、进货检验费用、保险检验费用等
预防成本	是指为了避免不良项目产品或服务的产生，而采用的相关措施费用，比如质量教育培训费用、专职质量管理人员的薪酬、质量奖励费、质量审核费用等

（3）质量标杆法

质量标杆法是指利用其他项目实际或计划的项目质量管理结果或计划，作为新项目的质量比照标准，通过对照比较制订出新项目质量计划的方法。

这种方法的关键是对标准的选取，不一定必须以同类产品中超级企业的质量标准为参照，因为自身的水平估计很难达到，选择自己竞争对手的质量标准为参考是最现实的做法。当然，竞争对手的质量标准一定要比自己的质量标准高，这是基本前提。

（4）实验设计法

实验设计法是指运用实验设计信息进行分析的一种方法，用于测定影响项目产品功能质量的各种质量要素的比值，并识别出对项目质量影响最大的变量，从而找出关键因素以指导项目质量计划的编制。优势是有助于识别在多种变量中，何种变量对项目成果的影响最大，从而找出影响项目质量的关键因素，以指导项目质量计划的编制工作。

这种方法的具体操作步骤如图4-7所示。

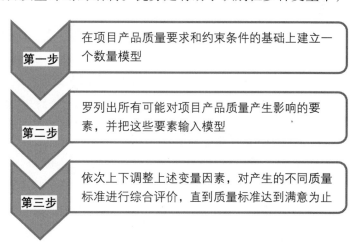

图4-7 实验设计法具体操作步骤

4.3 项目质量保证体系

4.3.1 项目质量保证体系的定义、内容

项目质量保证体系是项目高层、管理者为保证某一项目计划、组织、实施和反馈等管理活动顺利进行而制定的一系列规范性文件。

这些文件涵盖了质量手册、程序文件、产品质量标准、检测技术规范与标准方法、质量计划、质量记录及检测报告等。这些文件严格控制和规范着整个项目的某项具体工作。比如，质量手册旨在明确公司的质量目标、各部门职责及各业务流程；程序文件则规范了销售、文件、人力、采购、仓库、生产等各项业务及事务的处理流程；而质量记录则主要用于记录各项作业的运行数据，如生产随工单、销售统计表等。

从项目管理的内容角度看，这些文件可归纳为如图4-8所示的五个细分体系。

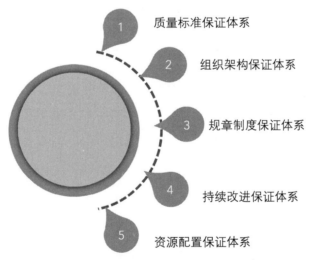

图4-8 项目质量保证体系包含的五个细分体系

（1）质量标准保证体系

质量标准保证体系的核心在于确保项目自规划、设计、实施至验收的各阶段均能达到既定的质量标准。其构建须遵循三大原则：质量指标需精确量化、质量要求需具体明确、术语说明需统一以规范操作细节。

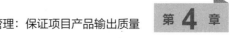

（2）组织架构保证体系

项目组织架构保证体系是一套完整的组织与管理框架，旨在确保项目各环节的顺畅运行。它不仅涉及项目的组织结构设置，更涵盖了高层领导的定位、全体员工的参与模式及程度，以及专业质量管理人员的配置与职责。具体包括各岗位职责的明确划分、工作流程的规范制定，以及项目管理的各项制度与标准。

（3）规章制度保证体系

规章制度作为项目管理的基石，规章制度保证体系涵盖了与项目顺利实施相关的所有制度建设。这包括但不限于操作流程的规范制度、信息管理的标准制度以及检验和变更程序的操作规程等。

（4）持续改进保证体系

鉴于项目的最终交付成果往往源于不断的优化与改进，构建项目持续改进的保证体系显得尤为重要。该体系涉及培训、检查、评比、问题分析及建议征集等活动，旨在持续提升组织的产品质量、服务过程及质量管理体系，以应对市场经济和组织自身发展的需要。

（5）资源配置保证体系

项目的各项管理活动均依赖于资源的支持，包括但不限于设备、原材料及相关人员。其中，设备需确保配备必要的质量检验设备并保障生产设备的质量；原材料需确保供应链的质量标准；人才方面，选拔、配置并培训合格的工作人员和质量管理人才是项目成功实施的关键因素。资源配置保证体系旨在确保项目所需资源能够满足项目实际需求。

4.3.2 项目质量保证体系的建立

前面已经概述了质量保证体系定义以及它的内容。接下来，我们将深入探讨如何在实际操作中构建这样一个体系。建立项目质量保证体系是确保项目能够按时、按预算、高质量完成的关键。

那么，如何有效建立质量保证体系呢，具体可以从以下几个方面入手。

（1）明确项目质量标准

每个项目都有其独特的质量标准，这些标准应该与项目的整体目标、客户需求以及行业规范相一致。项目团队需要明确这些质量目标，并将其作为整个项目的核心驱动力。

（2）组建专业的质量团队

该团队应该由具备丰富经验和专业技能的质量管理人员组成，他们负责监督项目的质量工作，确保所有工作都符合预定的质量标准。此外，质量团队还应该与项目团队保持密切沟通，及时发现并解决问题。

（3）选择合适的项目负责人

项目负责人通常是企业高层或之直接管理该项目的团队骨干。建立项目质量保证体系，选择合适的负责人，并选明确每个人的职责是非常重要的。

选择项目负责人要遵循如图4-9所示的两个原则。

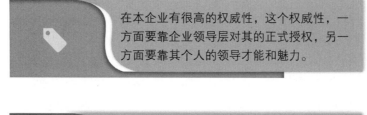

图4-9　选择项目负责人遵循的原则

（4）加强项目过程管理

加强项目过程管理是建立项目质量保证体系的重要一环。项目团队应该严格按照质量计划和工作流程执行项目，确保每个环节都符合质量要求。同时，项目团队还需要对项目过程进行持续监控和评估，及时发现并纠正问题。

（5）持续改进项目质量

质量管理是一个永无止境的过程。项目团队应该始终保持对质量工作的关注和投入，持续改进和优化项目的质量管理流程和方法。

持续改进项目质量是建立项目质量保证体系的关键。项目团队应该定期回顾项目的质量工作，总结经验教训，并制订相应的改进措施。同时，通过自我评估，团队可以及时了解项目进展情况，确保各项工作都符合预定的质量标准。

在构建项目质量保证体系的过程中，还需要注意以下两点。

第一，强调全员参与，质量管理不仅仅是质量团队的责任，更是整个项目团队的共同任务。项目团队应该鼓励每个成员都积极参与质量工作，共同维护项目的质量。

第二，注重客户反馈，客户是项目质量的最终评判者。项目团队应该积极收集客户的反馈意见，并将其作为改进项目质量的重要依据。

4.3.3 项目质量保证体系运行方法

项目质量保证体系的运行，需以项目质量计划为主导，聚焦于项目过程管理，并遵循既定步骤有序进行。在明确主线和稳固重心的基础上，还需对实施环节进行细致化操作。以下是具体运行步骤。

步骤一：详细制订质量监控计划。

在项目质量计划的指导下，针对每一项目阶段和关键过程，制订详尽的质量监控计划。计划中应明确监控的频率、方式、负责人及预期质量标准，确保项目各阶段的质量得到有效监控。

步骤二：设立质量监控点。

在项目的关键过程和重要节点设立质量监控点，确保项目在关键时刻得到及时、有效的质量监控。监控点的设置应根据项目实际情况和潜在风险进行动态调整，以确保项目质量不受影响。

步骤三：执行质量检查与评估。

依据质量监控计划，定期对项目质量进行检查与评估。检查内容涵盖项目文档、过程输出物、交付成果等，评估结果应形成书面报告，并及时反馈给项目团队及相关利益方，以便及时发现问题并采取相应措施。

步骤四：实施质量改进措施。

通过对项目质量的检查与评估，发现问题，明确责任人和时间节点，并制订具体的改进措施，同时，建立问题跟踪机制，确保改进措施得到有效执行，问题得到及时解决。

整个过程可以总结为PDCA法，即计划（Plan）、实施（Do）、检查（Check）、处理（Action）四个循环阶段。这四个阶段是相互衔接、相互促进、不断循环的，以实现项目质量的持续改进。

PDCA示意图如图4-10所示，通过该图，可以更清晰地理解项目质量保证体系的运行方法和步骤。

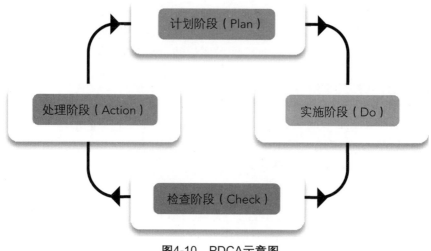

图4-10 PDCA示意图

（1）计划阶段（P）

在计划阶段，需明确质量管理的方针、目标，并制订实现这些方针、目标的措施和行动计划。主要工作内容包括分析现状，找出存在的质量问题；分析产生质量问题的各种原因和影响因素；找出质量问题的主要原因；制订技术措施方案，提出解决措施的计划并预测预期效果，然后具体落实到执行者、时间进度、地点和完成方法等各个方面。

（2）实施阶段（D）

实施阶段主要是按照计划阶段制订的措施和行动计划进行具体组织实施，确保计划的顺利实施和预期目标的达成。

（3）检查阶段（C）

检查阶段主要是对照计划，检查执行的情况和效果，包括检查是否严格执行了计划的行动方案和检查计划执行的结果。在计划执行过程中或执行之后，检查执行情况是否符合计划的预期结果。

（4）处理阶段（A）

处理阶段是以检查结果为依据，分析检查的结果，总结经验教训，巩固成绩，处理差错。同时，将未解决的问题转入下一个循环，作为下一个循环的计划目标，以实现项目质量的持续改进和提升。

4.4 项目质量控制体系

4.4.1 项目质量控制的定义

项目质量控制（project quality control）是指对项目质量实施情况的监督和管理，是一项贯穿项目全过程的项目质量管理工作。项目质量控制的主要内容见图4-11。

图4-11 项目质量控制的主要内容

1. 项目质量实际情况的度量
2. 项目质量实际与项目质量标准比较
3. 项目质量误差与问题的确认
4. 项目质量问题的原因分析和纠偏措施

4.4.2 项目质量控制的依据

确定控制依据，是项目质量控制的前提，在进行控制之前必须先确定明确的依据。需要注意的是，项目质量控制的依据很重要的一项标准就是项目质量计划，这是很重要的一点。项目质量控制依据具体内容如表4-3所列。

表4-3 项目质量控制依据具体内容

依据	具体内容
项目质量计划	这与项目质量计划是一样的，这是在项目质量计划编制中所生成的计划文件
项目质量工作说明	项目范围描述包括项目目标说明和项目任务范围说明，它明确地说明了为提交既定特性和功能的项目产出物，而必须开展的项目工作和对于这些项目工作的具体要求

续表

依据	具体内容
项目质量控制标准与要求	是根据项目质量计划和项目质量工作说明，通过分析和设计而生成的项目质量控制的具体标准。 注意：项目质量控制标准与项目质量目标和项目质量计划指标是不同的，项目质量目标和计划给出的都是项目质量的最终要求，而项目质量控制标准是根据这些最终要求所制订的控制依据和控制参数。通常这些项目质量控制参数要比项目目标和依据更为精确、严格和有操作性，因为如果不能够更为精确与严格就会经常出现项目质量的失控状态，就会经常需要采用项目质量恢复措施，从而形成较高的项目质量成本
项目质量的实际结果	项目质量的实际结果包括项目实施的中间结果和项目的最终结果，同时还包括项目工作本身的好坏。 注意：项目质量实际结果的信息也是项目质量控制的重要依据，因为有了这类信息，人们才可能将项目质量实际情况与项目的质量要求和控制标准进行对照，从而发现项目质量问题，并采取项目质量纠偏措施，使项目质量保持在受控状态

4.4.3 项目质量控制的方法

项目质量控制的方法多种多样，大体上有两种分类标准，即因素法和分析法两大类，同时还有一些方法是兼因素法与分析法于一体，简单总结起来常用的有8个，这些方法之间的关系如图4-12所示。

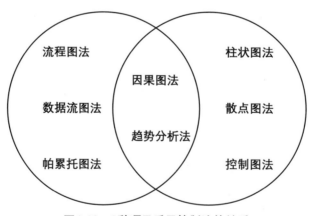

图4-12　8种项目质量控制法的关系

每一种方法都有其特定的应用场景和优势，为确保项目的顺利进行和高质量完成，在具体使用时，需要结合项目的实际情况进行选择。

质量管理：保证项目产品输出质量

续表

4.4.3.1 流程图法

流程图法是一种通过图形的方式来诊断项目质量管理全过程的问题方法，旨在通过可视化的方式全面审视项目质量管理的各个环节。此方法能有效协助管理者以直观、明晰的方式理解并描述复杂的项目质量管理中存在的问题，包括问题发生的具体环节、对其他环节的潜在影响、问题成因以及相应的解决方案等。

流程图法通常由一系列标准的图形元素构成，如矩形、菱形、椭圆形和箭头等，不同形状的图形代表的含义不同。流程图中不同图形符号代表的含义如表4-4所列。

表4-4　流程图中不同图形符号代表的含义

图形符号	名称	功能
⬭	终端框（起止框）	表示一个流程的起始和结束
▱	输入、输出框	表示流程的输入和输出的信息
▭	处理框（执行框）	通常用于表示常规步骤或任务
◇	判断框	判断某一条件是否成立，成立时在出口处标明"是"或"Y"，不成立时标明"否"或"N"
→	箭头	用于展示步骤间的逻辑顺序或流向

在使用流程图法时，关键试绘制流程图。绘制流程图需要管理者在充分理解相应图形含义的基础上，明确整个流程的起始、结束及各个节点的关系。

绘制流程图的4个注意事项：

①用自然语言描述流程步骤；

②分析每一节点是否可以直接表达，或需要借助于逻辑结构来表达；

③分析各节点之间的关系；

④画出流程图整个流程。

4.4.3.2 数据流图法

在项目质量控制方法中，数据流图法（Data Flow Diagram，DFD）是非常常用的一种。它与流程图法配合使用效果更好，前者专注于过程描述，后者则通过精心设计的数据表，分析项目质量管理的结果，其核心在于准确描述项目质量各项数据的流动与转换。

借助数据流图，管理者能够直观地洞察项目质量数据从输入到输出的完整流程，及其在项目中的处理、存储和传输路径。

数据流图由四个基本元素组成，如图4-13所示。

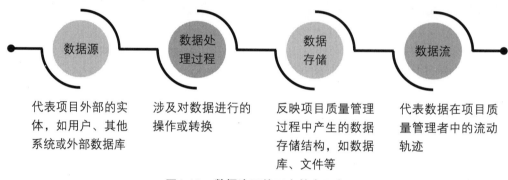

图4-13　数据流图的四个基本元素

运用数据流图法时，首先是搜集项目质量控制活动中涉及的数据，并据此设计多样化的数据表。数据表的格式可根据实际需求灵活调整。随后，从数据源出发，沿着数据流逐步描绘出系统中的数据处理过程和数据存储情况。通过不断地迭代与细化，最终形成一个详尽的数据流图。这一过程不仅有助于我们深入理解系统的数据流动机制，还为后续的数据库设计、系统测试等工作提供了宝贵的参考。

值得强调的是，数据流图法不仅适用于传统项目的质量控制，更在大数据、云计算等现代信息项目中展现了其独特优势。在这些项目中，数据的流动与转换更为复杂，数据流图法能够帮助管理者更准确地把握项目的核心与数据流动路径，为项目的顺利推进提供有力支持。

4.4.3.3 帕累托图法

帕累托图又叫排列分析，是用于确定项目质量管理中存在的问题，并对其进行优先次序划分的一种分析方法。它通过对有关质量问题进行分类，从而找出

"重要的少数"（A类），和"次要的多数"（C类），然后，再对这些问题进行分类分析。

图4-14是一个关于材料验收的缺陷统计数据的帕累托图。

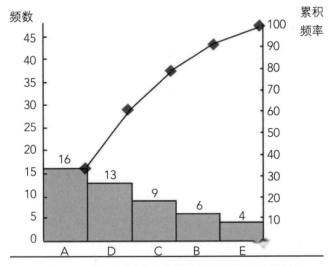

图4-14 关于材料验收的缺陷统计数据的帕累托图

上述帕累托图表明，供应商A在所有缺陷中占的比例最大，为33.3%。供应商A、D、C三者累积缺陷频率为79.2%，构成了材料缺陷的主要原因。

帕累托图根据分析方法有三种，不同的图意义不同。首先是基本帕累托图，旨在识别造成系统主要质量问题的核心原因；其次是比较帕累托图，用于评估质量活动的效果或项目选择的优劣；最后是加权帕累托图，在帕累托图时强调各因素的相对重要性。

关于绘制帕累托图的具体步骤，总结如下。

①明确帕累托图的各项类别（即帕累托项）。若信息不全，应设计相应的调查表进行信息收集。

②确定分析问题的时间范围，确保所选时间段具有足够的代表性。

③计算各帕累托项的事件发生数（如成本、缺陷数等），并求得所有项目的总事件数。若某些项目的事件发生数占比较小，可合并为"其他"项。随后，计算每项所占的百分比（通过将该项的事件发生数除以总事件数再乘以100%）。

④按照事件发生数从大到小的顺序排列各帕累托项。

⑤计算累积百分比值，即每项百分比值与其前面所有项百分比值的总和。

⑥设计帕累托图，确保右侧纵轴刻度范围从0到100%，且右侧100%处的高度与左侧总事件发生数的高度相匹配。

⑦在横轴上标记各项目名称，从左至右依次为发生数最大的项目。

⑧使用柱状图表示各项事件的发生数，柱的高度由左侧纵轴决定。

⑨绘制一条折线以表示帕累托图的累积百分比，该折线基于右侧纵轴刻度绘制。

在实际应用中，可根据累积频率将因素分为三类：A类（累积频率0%～80%），为主要因素；B类（累积频率80%～90%），为次要因素；C类（累积频率90%～100%），为一般因素。

4.4.3.4 因果图法

因果图，又称鱼骨图，作为一种图形化工具，旨在系统地组织并描述与某一问题相关的所有知识。其主要应用体现在两个方面：一是深入追查项目质量管理中出现问题的根本原因；二是为解决问题提供有效的策略。在因果图中，可根据不同影响程度进行标记，当主要因素得以明确后，可进一步绘制用于寻求对策的要因因果图。

如图4-15所示为一个针对混凝土强度不足问题的因果分析图。

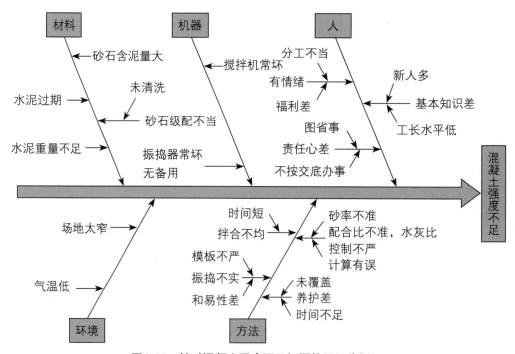

图4-15 针对混凝土强度不足问题的因果分析图

由于因果图与鱼骨图在本质上是相同的，因此其绘制方法亦遵循鱼骨图的绘制原则。

绘制步骤如下。

①首先，在一张大纸的最右侧绘制一个方块，并绘制一条水平箭头指向该方块，方块内应明确描述待解决的问题。

②接着，在水平箭头的上方或下方列出各类别的名称，这些类别可视为树状结构的主干分枝。

③明确待解决的问题后，组建一个跨学科的头脑风暴团队。通过头脑风暴法，找出问题的所有可能原因，并将这些原因进行合理分类。随后，构建一个真实反映每类数据间关系的因果图。

④在各类别下，详细描绘各自的具体原因，这些具体原因可视为各主干分枝上的小枝条。

一个完美的因果图应当包含丰富的"小枝条"。若因果图中的分枝和小枝条不足，则表明对问题的理解尚未深入，需进一步分析或寻求团队外部专家的协助，尤其是那些对问题有更深了解的人员，以协助深化对问题的理解。

4.4.3.5 散点图法

散点图，作为一种直观的分析法，旨在揭示项目质量管理中某一组成对数据是否存在潜在的相关性。这些成对的数据可能表现为"特性－要因"、"特性－特性"或"要因－要因"的关联模式。当对两个因素之间的关系不甚明晰或需进一步确认时，散点图成为了探究二者关系的有效手段。

值得注意的是，在利用散点图分析两个因素之间的关系时，确保其他潜在影响因素的稳定至关重要，这样才能保证所得结果的准确性。

散点图可根据数据分布的不同形态划分为六类：正相关、弱正相关、负相关、弱负相关、不相关以及非线性相关。

散点图的六种类型如图4-16所示。

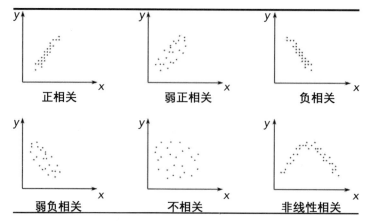

图4-16 散点图的六种类型

散点图的绘制步骤如下。

①收集数据资料，确保样本量至少达到三十组以上。

②识别数据中的最大值与最小值，为后续坐标轴的刻度设置提供基础。

③准备坐标纸，设定纵轴和横轴的刻度，并计算组距。通常，纵轴用于表示结果，横轴用于表示原因。组距的计算方法为数据中的最大值减去最小值，再除以所需的组数。

④将各组对应的数据点准确标示在坐标纸上。

⑤在图表上注明资料的收集地点、时间、测定方法以及制作者等相关信息。

4.4.3.6 柱状图法

柱状图也被称作直方图，是项目质量控制的一种分析方法，旨在通过图形形式描述质量分布状态。它依据所收集的测定值、特性值或结果值，将这些值分为几个相等的区间作为横轴，并依据各区间内测定值的出现次数累积成面积，用柱子排列展示。

柱状图这种分析方法运用场景十分广泛，比如，合格率的评估、质量特性分配形态的观察、规格界限的设定、与规格或标准值的比较、是否混入两个以上不同群体的调查等。

如图4-17所示即为钢梁长度尺寸偏差分布的柱状图示例。

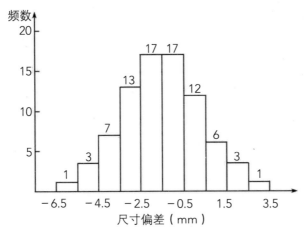

图4-17 钢梁长度尺寸偏差分布柱状图示例

柱状图的制作非常严谨，需要充分的数据和精准的分析，其具体步骤如下。
①收集并记录相关数据。
②确定组数。
③识别最大值（L）和最小值（S），并计算全距（R），其中$R=L-S$。
④确定组距，组距等于全距（R）除以组数。
⑤界定各组边界，最小一组的下组界为S减去测量值的最小位数乘以0.5，上组界则为下组界加组距，其余各组边界依此类推。
⑥确定各组的中心点，其值为上组界与下组界的平均值。
⑦制作频数分布表。
⑧根据频数分布表制作柱状图。
⑨在图中标注次数、规格、平均值、数据源以及日期。

以上步骤确保了柱状图的准确性和有效性，为质量管理和分析提供了有力的工具。

4.4.3.7 控制图法

控制图法又叫管理图，是对过程质量特性进行测定、记录、评估，从而监察过程是否处于控制状态的一种用统计方法设计的图。

控制图是一种建立在统计质量管理学基础上的动态质量控制法，利用有效数据绘制控制图，建立控制界限，以随时了解生产过程中的质量变化情况，分析判断生产过程是否处于稳定状态。

生产过程越稳定，项目质量越高。判断是否为稳定的状态，需要符合两个条件：一是点子几乎全部落在控制界限之内，二是控制界限内的点子排列没有缺陷。控制图基本形式如图4-18所示。

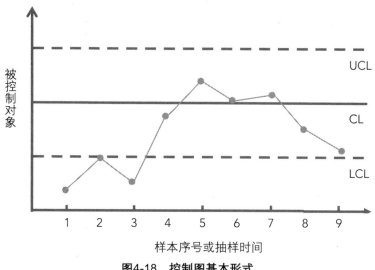

图4-18 控制图基本形式

图4-20中有三条平行于横轴的直线：中心线（central line，CL）、上控制限（upper control limit，UCL）和下控制限（lower control limit，LCL），并有按时间顺序抽取的样本统计量数值的描点序列。UCL、CL、LCL统称为控制限（control limit），通常控制界限设定在±3标准差的位置。中心线是所控制的统计量的平均值，上下控制界限与中心线相距数倍标准差。若控制图中的描点落在UCL与LCL之外或描点在UCL和LCL之间的排列不随机，则表明过程异常。

异常点子情况包括链、多侧同次、趋势或倾向、周期性变动、点子排列接近控制界限。

控制图法最大好处是客观性和精准性。客观性表现在它是一种利用样本数据来分析、判断生产过程稳定状态的工具，而且，样本数据均来自项目运行的过程中；精准性是指它利用有效数据建立控制界限，项目在实施过程中，如果受异常因素影响，结果将会超出这一界限，反之就不会超出。

4.4.3.8 趋势分析法

趋势分析法是指使用各种预测分析技术，来预测项目质量未来发展趋势和结果的一种方法。趋势分析法最大的好处就是简单、效率高。它无须任何理论基础，无须任何专业知识，无须很多数据，只要有一个结果数据，无论是正向还是负向，都能直接得出判断；所以它是所有数据分析方法里最先被总结出来，并且是项目质量控制中使用时间最长的一种方法。

比如，二三十年前，企业数字化系统还在洪荒混沌状态，那时候的职业经理们想做判断，是没有现在这么多明细数据可查的，于是只能看结果，看趋势，看利润、成本、销售额等简单的结果数据。

以销售为例，很多辅助性活动，比如营销活动、拉新裂变，到底对销售有没有用？不需要很复杂的漏斗分析，只要看一眼趋势图，立马见效果，趋势图如图4-19所示。

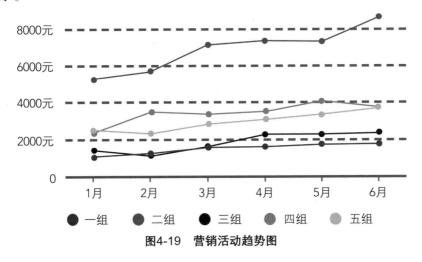

图4-19　营销活动趋势图

趋势分析法还有一个优势就是自带标准。曲线走势本身，可以成为判断指标好坏的标准。比如，自然周期/生命周期型标准、涨跌程度标准等，这样的分析法省去了大量找标准的时间。趋势分析法如图4-20所示。

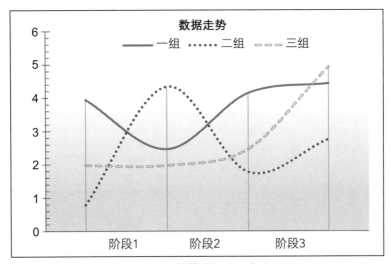

图4-20　趋势分析法示意图

根据图4-20中的涨跌趋势，就可以看出各小组在不同阶段的涨跌程度。比如，一组在阶段1呈下跌趋势，二组在阶段1呈上涨趋势，三组在阶段1基本呈平稳趋势；一组在阶段2呈快速上涨趋势，二组在阶段2呈下跌趋势，三组在阶段2基本呈缓慢上涨趋势。

　　越简单的方法，在评估结果时越靠谱。不过，趋势分析劣势也很明显，在观察因果效果的时候，无法处理混杂因素；在多个因素叠加的时候，是无法区分出来真正的关键影响因素的。

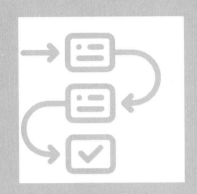

第 5 章
进度管理：
抓牢项目管理的主线

　　项目进度管理是项目管理的一个重要方面，它与项目范围管理、质量管理一样，同为项目管理的重要组成部分。项目进度管理是保证项目如期达成目标或合理安排资源供应、节约成本的重要措施之一。

5.1 项目进度管理概述

5.1.1 项目进度管理过程

项目进度管理是指用科学的方法，在项目实施过程中，对项目各阶段的进展程度和项目最终完成期限所进行的管理。其目的是在规定时间内，制订合理、经济的进度计划。同时，在计划执行的过程中，检查实际进度与计划进度是否一致，以实现最优工期，多快好省地完成任务。

项目进度管理在项目管理中非常重要，主要包括规划进度管理，定义活动和控制进度，在与质量、费用目标协调的基础上实现预期目标的管理活动。图5-1是项目进度管理的6项内容，或者叫6个过程。

图5-1　项目进度管理的6个过程

6个过程大体可以总结为5个规划、1个监控，具体定义如表5-1所列。

表5-1　项目进度管理的6个过程

过程组	管理过程	定义
规划	规划进度管理	规划进度管理是为规划、编制、管理、执行和控制项目进度而制订政策、程序和文档的过程
规划	定义活动	识别和记录为完成项目可交付成果而需采取的具体行动的过程
规划	排列活动顺序	识别和记录项目活动之间关系的过程
规划	估算活动持续时间	根据资源估算的结果，估算完成单项活动所需工作时段数的过程
规划	制订项目进度计划	分析活动顺序、持续时间、资源需求和进度制约因素，创建进度模型，从而落实项目执行和监控的过程
监控	控制进度	监督项目状态，更新项目进度和管理进度基准变更的过程

5.1.2 项目进度管理过程流程

项目进度管理包含6个过程，这6个过程是相互依存的关系，它们之间有着严格的流程，具体如图5-2所示。

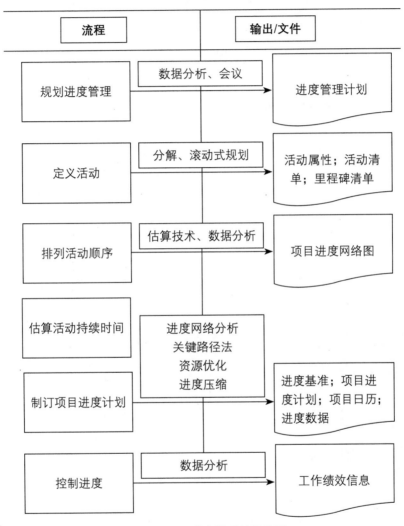

图5-2 项目进度管理过程流程

5.2 规划进度管理

规划进度管理是通过数据分析、会议分析以及专家判断，为规划、编制、管理、执行和控制项目进度而制订的章程、计划、政策、程序和文档等，形成进度管理计划。具体如图5-3所示，目的是为整个项目的进度提供指南和方向。

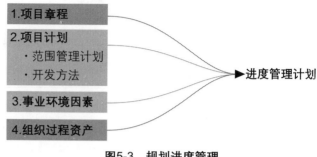

图5-3 规划进度管理

5.3 项目活动

5.3.1 定义活动

定义活动是识别和记录为完成项目可交付成果而需采取的具体行动的过程，目的是将工作报告分解为进度活动，作为项目估算、规划、执行、监督和控制的基础，从而让团队成员更好参与分解，更准确地分析结果。

工作报告包括项目计划、进度管理计划（范围基准）、事业环境因素和组织过程资产。最终将分解为活动清单、活动属性、里程碑清单等，具体如图5-4所示。

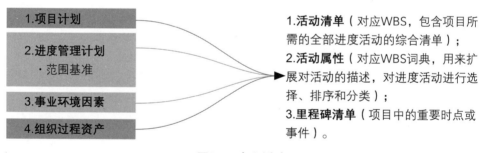

图5-4 定义活动

5.3.2 排列活动顺序

排列活动顺序描述的是项目活动之间、项目与所需资源之间的关系，目的是用来定义工作之间的逻辑顺序，以便在既定的所有项目制约因素下获得最高的效率。

在排列活动顺序这一环节，也包括输入和输出文件，具体如图5-5所示。

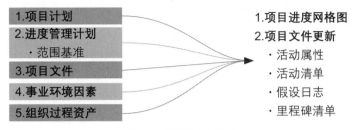

图5-5　排列活动顺序

这里需要特别注意的是对工具的使用，即如何将输入性文件转化为输出性文件，常用的工具有3个，分别为紧前关系绘图法（PDM）、确定和整合依赖关系、提前量和滞后量。

（1）紧前关系绘图法（PDM）

紧前关系绘图法是创建进度模型的一种技术，用节点表示活动，用一种或多种逻辑关系连接活动，以显示活动的实施顺序；这种绘图法的逻辑关系通常有4种，下面用图示法表示，A代表紧前活动、B代表紧后活动、S代表开始（start）、F代表完成（finish）。

①FS：完成到开始。

即只有紧前活动完成，紧后活动才能开始的逻辑关系。这是最常用的一种逻辑，它会创建连续的活动，如图5-6所示。

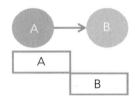

图5-6　紧前关系绘图法逻辑关系1

②FF：完成到完成。

即只有紧前活动完成，紧后活动才能完成，或者同时完成的逻辑关系，如图5-7所示。比如，调试和优化网站、App应用的就是这种关系，网站功能需要不断测试和调整，直到它完全符合你的要求。

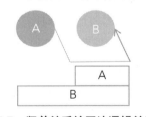

图5-7　紧前关系绘图法逻辑关系2

③SS：开始到开始。

即紧前紧后同时开始，或者紧前活动必须开始，紧后活动才可以开始的逻辑关系，如图5-8所示。

④SF：开始到完成。

即只有紧前活动开始，紧后活动才能完成的

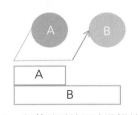

图5-8　紧前关系绘图法逻辑关系3

逻辑关系，这是最不常见的类型，如图5-9所示。

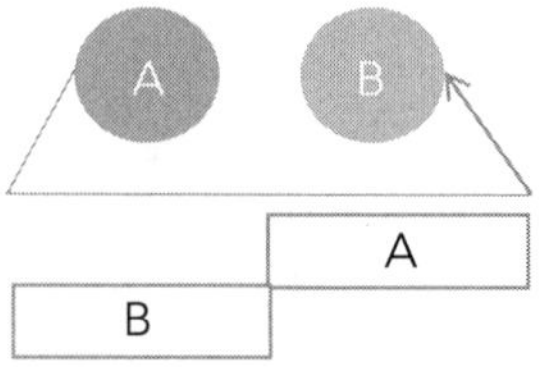

（2）确定和整合依赖关系

依赖关系是项目活动之间的关联，确定和整合活动如何相互关联和相互依赖，可以更好地创建项目进度表，以便一切按正确的顺序进行。

图5-9 紧前关系绘图法逻辑关系4

依赖关系可以分为4种类型，具体如表5-2所列。

表5-2 项目活动的4种依赖关系

依赖关系	解释
强制性依赖关系	又称为硬逻辑关系、工艺关系。这种关系是合同所要求的或工作本身内在性质所决定的，往往与客观限制条件有关
选择性依赖关系	又称为软逻辑关系、首选逻辑关系、有限逻辑关系。这种关系是基于具体的应用领域、实际应用来确定的，比如先进行卫生管道工程，才开始电器安装工程
外部依赖关系	不可控制的，项目活动与非项目活动之间的依赖关系
内部依赖关系	可控的，项目活动之间的依赖关系

（3）提前量和滞后量

提前量和滞后量都是活动排序及制订进度计划中的一种逻辑关系。

①提前量。

提前量就是提前做事情，从专业角度讲是指相对于紧前活动，其紧后活动可以提前开始的逻辑关系。

比如，一栋大楼的设计项目，在设计图纸完成2周（14天）后，就可以提前开始对已经完成部分进行审核。这个就可以记作提前量（-14 提前14天），图5-10便是提前量流程示意图。

这里紧后活动的提前开始不同于进度压缩技术中的快速跟进，区别在于提前量是活动本身允许的，不存在引入风险的问题；而快速跟进，是把本应顺序执行的活动进行部分或全部并行，以压缩时间，这有可能造成返工和风险增加。

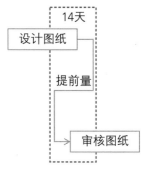

图5-10 提前量流程示意图

②滞后量。

滞后量就是延后做事情（等待时间），具体是指相对于紧前活动，其紧后活动需要推迟开始的时间。例如在标书提交1周后，开始启动评标活动，这是带1

周滞后量的完成到开始的逻辑关系，记作滞后量（+14 滞后14天），图5-11便是滞后量流程示意图。

需要注意的是，使用提前量和滞后量不能代替进度活动的逻辑关系。另外，虽然活动的提前量和滞后量将体现在最终的项目进度计划里，但是在估算活动持续时间的时候，不应包含任何活动的滞后量。例如，某活动持续时间3天外加2天的滞后量，则该活动历时就是3天，不能计算为5天。

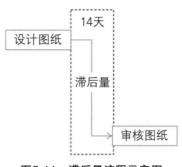

图5-11　滞后量流程示意图

滞后量是指在某些限制条件下，在紧前和紧后活动之间加一段不需工作或资源的自然时间。

5.3.3 估算活动持续时间

估算活动持续时间是根据资源估算的结果，估算完成单项活动所需工作时段数的过程，主要作用是确定完成每个活动所需花费的时间量。估算活动持续时间通常会用到4类工具，分别为类比估算、参数估算、三点估算、自下而上估算。

活动持续估算4种方法如表5-3所列。

表5-3　活动持续估算4种方法

估算方法	内容	优缺点
类比估算	也叫自上而下的估算，使用相似的活动或项目历史数据来估算当前活动；适用于没有项目数据时	优势：速度快、成本低，耗时少。 劣势：粗略、类似
参数估算	需要施工的工作量×单位工作量所需的时间（历史数据）；适用于拥有准确的项目数据时	准确率取决于参数模式的精准度
三点估算	适用于项目有风险或不确定因素时 三角分布：（最客观时间＋最可能时间＋最可悲时间）/3 贝塔分布：（最客观时间＋4×最可能时间＋最可悲时间）/6	参数不足时使用；有一定风险
自下而上估算	从下而上逐层估算，并汇总到WBS组成部分的估算	优势：分析比较具体。 劣势：难度大，耗时长

5.4 项目进度计划

5.4.1 项目进度计划概述

项目进度计划又称进度计划，以工程建设为例是指在确保合同工期和主要里程碑时间的前提下，对设计、采办和施工等各个流程作业进行时间和逻辑上的合理安排。其目的是合理利用资源、降低费用支出和减少施工干扰。按照项目阶段的先后顺序，进度计划可以分为3种，如图5-12所示。

图5-12 项目进度计划的3个类型

（1）项目实施计划

承包商基于业主给定的重大里程碑时间（开工、完工、试运、投产），根据自己在设计、采办、施工等各方面的资源，综合考虑国内外局势以及项目所在国的社会及经济情况制订出的总体实施计划。该计划明确了人员设备动迁、营地建设、设备与材料运输、开工、主体施工、机械完工、试运、投产和移交等各方面工作的计划安排。

（2）项目目标计划

由承包商在授标后一段时间内（多为1个月）向工程师递交的进度计划。该计划是建立在项目实施计划基础之上，根据设计部提出的项目设计文件清单和设备材料的采办清单，以及施工部提出的项目施工部署，制订出详细的工作分解，再根据施工网络计划原理，按照紧前紧后工序编制完成。该计划在工程师批准后即构成正式的目标计划予以执行。

（3）项目更新计划

在目标计划的执行过程中，通过对实施过程的跟踪检查，找出实际进度与计划进度之间的偏差，分析偏差原因并找出解决办法。如果无法完成原来的目标计划，那么必须修改原来的计划形成更新计划。更新计划是依据实际情况对目标计划进行的调整，更新计划的批准意味着目标计划中逻辑关系、工作时段、业主供货时间等方面修改计划的批准。

5.4.2 项目进度计划的表现形式

项目进度计划是为完成项目活动而制订的，具有计划日期的进度模型，包括每一具体活动的开始日期、完成日期等。因此，在表现形式上日期信息是重点显示部分，通常多采用表格式和图示式，如图5-13所示。

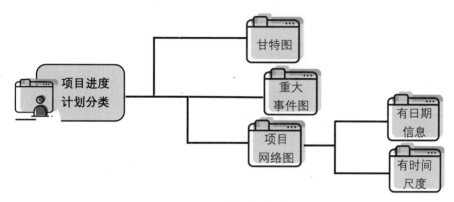

图5-13　项目进度计划表现形式

（1）甘特图

甘特图也称"条形图"，关于甘特图在2.4.3确定项目时间周期中已介绍过，此处不再赘述，样式如图5-14所示，该图能够显示出活动开始和结束日期，也可以显示出期望活动时间。

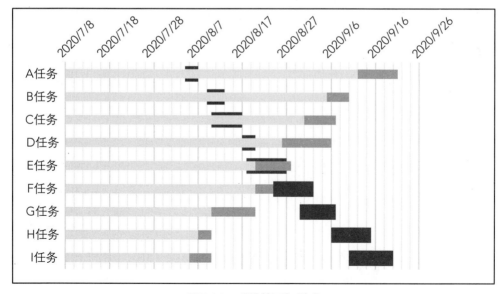

图5-14　"甘特图"样式

（2）重大事件表

重大事件表具体如表5-4所列。

表5-4 重大事件表示意

序号	任务内容	计划开始日期	计划完成天数	实际开始日期	实际完成日期	实际耗时天数	责任人	备注
1	A任务	2022/8/4	3	2022/8/5	2022/8/10	6	×××	
2	B任务	2022/8/9	4	2022/8/7	2022/8/10	4	×××	
3	C任务	2022/8/10	7	2022/8/10	2022/8/20	11	×××	
4	D任务	2022/8/17	3	2022/8/20	2022/8/24	5	×××	
5	E任务	2022/8/18	9	2022/8/20	2022/8/28	9	×××	
6	F任务	2022/8/24	9	2022/8/26	2022/9/6	12	×××	
7	G任务	2022/8/30	8	2022/8/31	2022/9/7	8	×××	
8	H任务	2022/9/6	9	2022/9/5	2022/9/10	6	×××	

（3）项目网络图

项目网络图是一个由工序和事件组成的具有一个发点、一个收点的有向赋权图，是项目所有活动及其之间逻辑关系（依赖关系）的一个图示。一个完整的项目网络图通常由4个要素组成，如图5-15所示。

①工序或事件：整个项目或项目重要节点。

②一个发点：项目的起因。

③一个收点：项目的交付结果。

④路线：从最初事件到最终事件由各项工序连贯组成的一条路径。

各个要素在项目路径图中的体现，如图5-16所示。

除了上述必须具备的4个要素外，还应该根据实际情况包括项目的全部细节、一个或多个概括性活动，简洁说明描述基

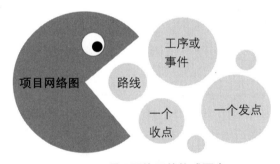

图5-15 项目网络图的构成要素

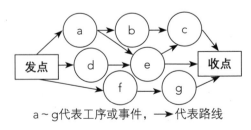

a～g代表工序或事件，→代表路线

图5-16 各个要素在项目路径图中的体现

本排序方法,以及对特殊排序的说明。项目网络图能显示的是项目前后次序的逻辑关系,同时也显示出了项目关键路径、活动所需时间、进度及其相应的活动。

5.5 项目进度计划的编制

5.5.1 编制步骤

编制进度计划就是分析活动顺序、持续时间、资源需求和进度制约因素,创建进度模型的过程。在编制进度计划之前,需要先确定步骤,按照预设一步步进行。项目进度计划编制步骤如图5-17所示。

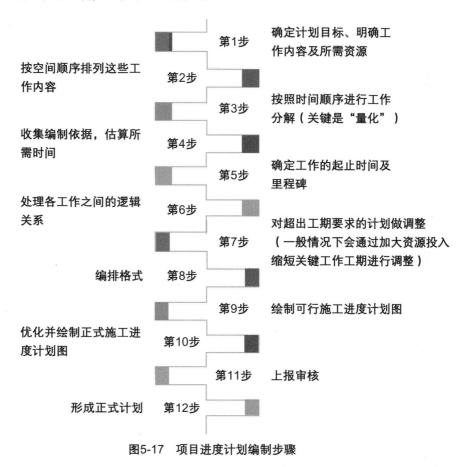

图5-17 项目进度计划编制步骤

5.5.2 编制依据

依据是计划编制的基础，只有有了详细而准确的依据，计划的编制才能更合理，执行起来才能有所保证，常用的依据有5项，如图5-18所示。

图5-18　进度计划编制的依据

进度计划的编制依据主要包括项目网络图、时间估算、资源储备说明、项目日历和资源日历及其他制约因素。项目网络图在前面已讲述，在此不再赘述。

（1）时间估算

很多项目管理人员经常抱怨，为什么项目实施时间与计划时间总是有出入？问题在于项目经理或项目的其他管理人员对时间估计不够精准。一般来讲，项目实际花费时间往往都会比预计时间长一些，即使不停地加班也是如此。但这种长是有限度的，如果过长则会严重影响到项目进度计划。

时间估算是项目进度计划编制必做的一项工作，掌握时间估算技能是项目经理必不可少的技能，这是衡量是否为一名专业、稳定且高效的项目人员的重要标准。

时间估算不仅包括完成整个项目所需的时间，还包括每个环节、每个步骤需花费的时间。

（2）资源储备说明

在编制进度计划时需要明确所需资源，并且知道在何时、以何种形式获得这些资源。如果某种共有资源储备不足，势必会影响到进度计划的编制。

在资源储备说明中，资源数量、具体水平以及可利用时间是不同的，需要特别说明。例如，在工程项目设计早期，可供使用的人力资源可能包括大量的初级与高级工程师，而在同一项目的后期，可供使用的人力资源可能仅限于曾参与过项目早期阶段工作、对本项目熟悉的人。

同时，也需要对于项目可能出现意外时所需的额外资源储备做足准备。对于一些项目必须为偶然所需的资源,以及需要时怎样能够获得它们进行说明。因此,必须制订一个策略来保证需要的时候能够获得储备的资源。

(3)项目日历和资源日历

日历是指工作可以进行的时段。项目日历影响所有的资源,例如,规定某些项目只能在正常工作日时间工作,其余时间不允许加班;而另外一些项目则可分两班倒或三班倒。资源日历影响的是某具体资源或某一类资源。

(4)其他制约因素

①强制日期:项目业主或其他外部因素可能要求在某规定的日期前完成项目。

②关键事件或主要里程碑:项目业主或其他利害关系者可能要求在某一规定日期前完成某些可交付成果。例如,什么时候完成可行性研究,什么时候完成初步设计等。

③假定前提:有些假定的情况不一定会出现,那么就必须特别注意这时候资源和时间的可靠性。

④提前和滞后:为了准确确定工作与工作之间的逻辑关系,有些逻辑关系可能需要规定提前或滞后的时间。例如,一件设备从订购、安装到使用可能有2周的滞后时间。

需要注意的是,编制项目进度计划,不是一蹴而就,也不是做一次就可以无数次地去执行,而是一个反复进行的过程。大多数项目都有周期长、参与单位多的特点,而且受外部影响也较大,项目在实施过程中各个环节,包括设计、采购招标、安装调试、投产使用等都会被影响。因此,计划需要根据项目进度不断地调整优化。

5.5.3 编制方法

我们在5.4.2节中讲过,项目进度计划的表现形式,其中讲到甘特图和网络图。其实,它们本身也是进度计划非常重要的编制方法。在项目进度计划方法中,甘特图法是最主要的方法,用甘特图条形来表示项目的每项活动,网络图法是除甘特图之外另一种常用方法。

接下来将详细阐述如何制作甘特图和网络图。

(1)甘特图制作方法

①找到模板。

模板在PPT、Excel、WPS等中都可以轻松找到。在新建面板顶部的搜索框内输入"甘特图",就能找到不同形式的甘特图模板,具体可以根据项目的情况选择。

②创建文件。

在搜索结果中，点击唯一可选的模板，创建一个Excel表格文件。

③生成活动条目。

在表格中，修改项目名称，修改活动条目内容，然后把项目分解成合适的步骤，这是非常关键的一步。分解完成后，将内容输入甘特图活动列。

④修改起止时间。

在这个模板中只有当月的日期。例如，现在是6月份，第一项工作计划从6月3日开始，用5天完成。那我们只需要在计划开始时间输入日期，5天，模板就会自动生成右边的进度条。

甘特图的制作比较简单，在软件中可以自动生成，生成之后，再根据实际情况进行调整。比较难的是要提前总结出项目关键节点时间。

（2）网络图制作方法

网络图制作需要用到网络分析技术，常用的网络分析技术有三种，如图5-19所示。

这三种方法不是独立运用的，它们之间是递进的关系。先用关键路径法整理出理论上可行的进度计划，再用资源平衡法把进度计划变成实际上可行的，最后用进度压缩法来进一步优化进度计划。

图5-19　网络图制作方法

①关键路径法。

关键路径法是指在不考虑资源限制和时间强度的情况下，编制出理论上可行的进度计划。首先从项目起点出发，沿网络图各条路径进行顺时针推算，计算出各项活动的最早开始时间和最早完成时间；然后从项目的收点出发，沿网络图各条路径进行逆时针推算，计算出各项活动的最晚完成时间与最晚开始时间。

需要注意的是，运用关键路径法计算出的活动最早开始与完成时间、最晚完成与开始时间只是理论上的时间，如果这个理论上的进度计划缺乏所需的资源保证，就需要进行资源平衡。

②资源平衡法。

资源平衡法是指通过确定项目所需资源的准确投入时间，并尽可能均衡使用各种资源来满足项目进度规划的一种方法。该方法也是均衡项目各阶段资源投入的一种常用方法，其最重要的用途，就是用来解决资源短缺的问题。

一般来说，在进行资源平衡时，首先要计算各时间段的资源需求情况和资源短缺情况，弄清每个时间段所需要的资源种类和数量。然后，尝试在项目内部进行资源调剂，解决资源短缺问题。在调节过程中，可以考虑重新分解工作内容，比如，把一个活动分解成两个活动，增强资源分配的灵活性。

如果资源仍然短缺，就只能设法削减工作内容，或是延长项目工期。经过资源平衡后的进度计划，也许看上去可行，但并不一定是最优的，客户或高级管理人员有可能会认为计划的项目工期还是太长了，在这种情况下，就需要用进度压缩法来优化进度计划了。

③进度压缩法。

一个理想的进度计划应该同时达到缩短项目总工期和降低总成本的目的。进度压缩法是一种进度计划优化的方法，目的是寻找成本最低、工期最短的方案。

在不改变活动之间逻辑关系的前提下，通过赶工来缩短活动的工期。赶工是指在单位时间内投入更多的资源，来加快工作进度。项目成本可分成与项目活动直接相关的"直接成本"，与项目活动间接相关的"间接成本"。

在项目存在期间，项目要按规定分担间接成本。如果赶工实现了缩短项目总工期的目的，那么，项目的间接成本就会降低，尽管会增加直接成本，但如果降低的间接成本比因为赶工期增加的直接成本多，那么，项目总成本就会降低。

5.6 项目进度控制

5.6.1 项目进度控制的概念

对项目的进度进行控制是项目进度管理的主要内容之一，目的是保证项目按照预设计划的时间、要求圆满完成。

所谓项目进度控制是指，在既定的时间内，制订出最优的开发计划，在执行该计划时，经常检查开发实际进展情况。并将其与计划进度相比较；若出现偏差，及时分析产生的原因和对计划的影响程度，找出必要的调整措施，修改原计划，以此循环，直至项目结束的一项综合管理活动。

需要注意的是，项目的进度控制是一个动态变化的过程，作为项目经理或负责人，必须不断监控项目的实际情况，并将实际情况与计划进行对比、分析，确保每项工作都能按计划进行。同时，针对出现的问题，及时采取有效对策，避免项目拖延。

5.6.2 项目进度控制的内容

根据项目进度控制的概念可以总结出项目进度控制至少需要包括3个方面的内容：首先制订计划，要有一个科学、合理的施工进度计划；然后在执行过程中，检查实际进度是否按计划跟进，也叫调整计划。最后是补救措施，一旦出现偏差，及时采取补救措施，或调整、修改原计划，直至工程竣工，保证目标的顺利实现。

（1）制订计划

一个完整的进度控制管理体系，主要由整体进度计划、节点计划、月进度计划、周进度计划等组成，具体如表5-5所列。

表5-5 进度控制管理体系

计划类型	解释
整体进度计划	项目施工阶段的一级控制计划
节点计划	在整体进度计划的指导下，再编制各节点计划，作为项目进度的控制依据。制订里程碑计划，建立动态的计划管理模式
月进度计划	根据分阶段进度计划，将项目任务分解到每个月。在每月月末，将本月的进度计划及时交给各施工队和专业分包，以便其安排周计划
周进度计划	根据计划将任务分解到每个工作周，在每周周一，将本周的施工进度计划及时交给各队和专业分包，如本周计划未能如期完成，应采取赶工措施

（2）调整计划

工程进度的调整是不可避免的。如果发现原有的进度计划已落后、不适应实际情况，为确保工期，必须对原有的计划进行调整。

在项目实施过程中，进度控制就是不断地计划、实施、检查、对计划进行调整的动态循环。所谓PDCA，即是计划（plan）、实施（do）、检查（check）、行动（action）的首字母组合。无论哪一项工作都离不开PDCA的循环，每一项工作都需要经过计划、实施计划、检查计划、对计划进行调整并不断改善这样四个阶段。

（3）补救措施

发现问题后就要采取补救措施，及时去解决。比如，使用项目进度分析工具就可以清楚地看到项目进度、项目参与人员以及项目人员完成任务的进度，谁的进度有所延误，可以直接看到，这样可以了解员工因为什么延误，从而及时解决。

解决问题的方法通常有两种：

一种是调整作业时间。即在不改变工序流程的前提下，通过缩短关键环节的作业时间来缩短工期。也可以通过多任务同时进行来缩短工期，具体采取的措施如图5-20所示。

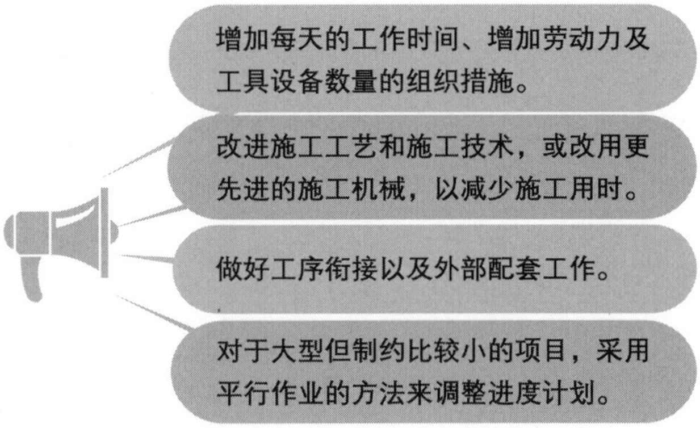

图5-20 项目进度控制过程中的补救措施

另一种是调整幅度受限。当工期拖延得太久，或采取措施后未能达到预期效果，或可调整幅度受限，可以同时用多种方法来调整施工进度计划。当然，无论采取哪种方法进行调整，都必然会增加一定费用。因此，在调整施工进度时，还要考虑到资金问题。

项目进度控制是一项系统工程，需要多方参与，只有在事前进行有效的进度规划，在执行过程中严格检查进度偏差，发现问题并及时纠正，才能很好地实现预期目标，才能将预期变为现实。

5.6.3 项目进度控制的措施

项目进度控制是项目得以顺利实施的保证，而要想充分发挥控制这种作用，则必须采取一系列措施。保证项目进度控制的主要措施有4个，如图5-21所示。

```
1 > 2 > 3 > 4
组织措施  管理措施  经济措施  技术措施
```

图5-21 保证项目进度控制的4个措施

（1）组织措施

组织措施是从项目进度控制的组织管理方面采取的措施，如落实目标控制的组织机构和人员，明确各级目标控制人员的任务和职能分工、权力和责任、改善目标控制的工作流程等。

在组织措施的实施上，可以从3方面做起，如图5-22所示。

图5-22 组织措施的实施方法

①成立项目控制小组。

小组成员通常是以项目经理为组长,以项目副经理为常务副组长,以各职能部门负责人为副组长,以各单元工作负责人、各班组长等为组员的控制管理小组。小组成员分工明确,责任清晰;定期或不定期召开会议,严格执行讨论、分析、制订对策、执行、反馈的工作制度。

②改善组织管理方式。

建立项目牵头组织单位和课题承担单位共同参与,责、权、利明确的项目组织管理形式。专家组由项目所在领域的技术专家、经济专家、管理专家等组成,对项目的研究方案和重大技术问题等提供咨询。

对项目实施中出现的重大问题,由项目组织单位进行协调,在征求专家组意见的基础上,及时给出问题的解决方案,并督促相关单位纠正、改进。

③建立完善有效的制度。

完善有效的制度包括项目协商机制、项目绩效考评制度、项目系统开发的质量控制等制度,为了确保项目按计划顺利实施还需要定期召开项目协商会议,确定项目的总体规划、技术方案。

建立进度控制的组织系统,确定事前控制、事中控制、事后控制、协调会议、集体决策等进度控制工作制度;监测计划的执行情况,分析与控制计划执行情况等。

组织措施是其他各类措施的前提和保障。对由于业主原因所导致的目标偏差,组织措施可能成为首选措施,故应予以足够的重视。

(2)管理措施

在理顺组织的前提下,科学、严谨的管理显得十分重要。因此,管理措施也是项目进度措施一种非常重要的方式,包括管理的理念、管理的方法、管理的手段、沟通管理、资料管理、合同管理和风险管理等综合管理,以及协调参与项目的各有关单位、部门和人员之间的利益关系,使之有利于项目进展。

管理措施具体做法如图5-23所示。

图5-23 管理措施的实施方法

①树立先进的管理理念。

现阶段项目进度控制在管理理念上普遍容易存在一些问题，例如缺乏进度计划系统的理念，编制的计划相互之间缺乏必要的关联，缺乏整体性和系统性；缺乏动态控制理念，只重视计划编制，而不重视及时动态调整；制订的计划过于单一，没有多元化选择和选优的余地。合理的进度计划体现在资源的合理使用、工作面的合理安排上，必须树立起先进管理理念。

②采用先进的管理方法。

编制项目进度计划应采用的技术，应符合国家现行标准及行业标准的规定。比如，采用网络计划的方法时必须很严谨地分析和考虑工作之间的逻辑关系，通过网络的计算可发现关键工作和关键路线，也可知道非关键工作可使用的时差，网络计划的方法有利于实现进度控制的科学化。

③采取信息化管理手段。

信息技术是进度控制管理措施中重要的管理手段，我们要重视信息技术在进度控制中的应用。虽然信息技术只是进度控制的一种管理手段，但十分有利于提高进度信息处理的效率、有利于提高进度信息的透明度、有利于促进进度信息的交流和项目各参与方的协同工作。

④重视合同模式。

承发包模式的选择直接关系到工程实施的组织和协调。为了实现进度目标，应选择合理的合同结构，以避免存在过多的合同交界面而影响工程的进展。工程物资的采购模式对进度也有直接的影响，对此应做比较分析。

⑤加强风险管理。

为实现进度目标，不但应进行进度控制，还应注意分析影响工程进度的风险，并在分析的基础上采取风险管理措施，以减少进度失控的风险。常见的影响项目进度的风险有组织风险、管理风险、合同风险、资源（人力、物力、财力）风险和技术风险等。

（3）经济措施

经济措施是指从影响项目进度管理经济因素方面所采取的措施，包括实现项目进度计划的资源计划、资金需求、经济激励，具体内容如图5-24所示。

①资源计划。

为确保进度目标实现，应编制与进度计划相适应的需求计划，包括资金需求计划和其他资源（人

图5-24 经济措施的实施方法

力和物力资源）需求计划，以反映工程实施的各时段所需要的资源。通过资源需求的分析，可发现所编制的进度计划实现的可能性，若资源条件不具备，则应调整进度计划。

②资金需求。

资金供应条件包括可能的资金总供应量、资金来源（自有资金和外来资金）以及资金供应的时间。资金需求计划也是工程融资的重要依据。

③经济激励。

在工程预算中应考虑加快工程进度所需要的资金，其中包括为实现进度目标将要采取的经济激励措施所需要的费用。

（4）技术措施

技术措施是指分析由于技术的原因而影响项目目标实现的措施。技术措施包括设计技术措施、实施技术措施、成本控制技术措施以及技术文件管理，如图5-25所示。

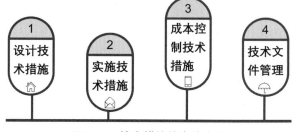

图5-25 技术措施的实施方法

①设计技术措施。

不同的设计理念、设计技术路线、设计方案会对工程进度产生不同的影响，在设计工作的前期，特别是在设计方案评审和选用时，应对设计技术与工程进度的关系做分析比较。在工程进度受阻时，应分析是否存在设计技术的影响因素，为实现进度目标有无设计变更的可能性。

②实施技术措施。

实施方案对项目进度有直接的影响，在决定其被选用时，不仅应分析技术的先进性和经济合理性，还应考虑其对进度的影响。在进度受阻时，应分析是否存在技术的影响因素，为实现进度目标有无改变实施技术、方法的可能性。

③成本控制技术措施。

成本控制的技术措施主要有：进行技术经济分析确定最佳实施方案；结合实施方法研究材料使用的比选；通过代用材料改变配合比，使用添加剂等方法降低材料消耗；确定最合适的机械设备使用方案；先进技术、新材料、新开发机械设备的应用等。

④技术文件管理。

对项目系统开发过程中产生的技术文件（如技术报告、考察报告、程序源代码、调试与排错过程、测试方案、率定和验证报告、验收鉴定报告等）建立技术档案，保证系统研发过程的可追溯性。

系统研发将严格遵循详细设计报告→模块编程→构件测试→构件耦合→系统率定→系统验证→系统试运行等步骤要求，邀请主要用户进行构件测试，保障系统的可应用性。

5.6.4 项目进度控制的注意事项

在对项目进度进行控制时还需要注意一些事项。

（1）日常观测

采用各种控制手段保证项目及各个活动按计划及时开始，在实施过程中记录各活动的开始和结束时间、实际进展时间、实际消耗的资源、状况等内容。

（2）定期观测

在各控制期末（如月末、季末、一个阶段结束时）将各活动的完成程度与计划对比，确定整个项目的完成程度，并结合工期、生产成果、劳动效率、消耗等指标，评价项目进度状况，分析其中的问题，找出哪些地方需要采取纠正措施。

（3）时间估算

对下期工作作出安排，对一些已开始但尚未结束的项目单元剩余时间作估算，提出调整进度的措施，根据已完成状况作新的安排和计划，调整网络（如变更逻辑关系，延长/缩短持续时间，增加新的活动等），重新进行网络分析，预测新的工期状况。

（4）预测评审

对调整措施和新计划作出预测和评审，分析调整措施的效果，分析新的工期是否符合目标要求。

（5）动态监测

项目实施过程中要对项目进展状态进行观测，掌握进展动态，对项目进展状态的观测通常采用日常观测和定期观测的方法。

第 6 章
成本管理：
让自己项目的"性价比"最高

项目成本管理是确保项目在批准的预算内完成，并达到预期目标的过程。全面的项目成本管理体系应包括两个层次：一个是组织管理层，负责项目全面成本管理的决策；另一个是项目管理层，由项目经理部执行，负责项目成本的计划、控制、核算、分析和考核。

6.1 项目成本管理概述

6.1.1 项目成本概念及分类

想要对项目成本管理有所了解,需要先了解一下项目成本,下面就详细阐述一下其概念和类型。项目成本是指项目全过程所耗用的各种成本的总和。项目成本的类型根据分类标准不一样,通常可以分为6大类,如图6-1所示。

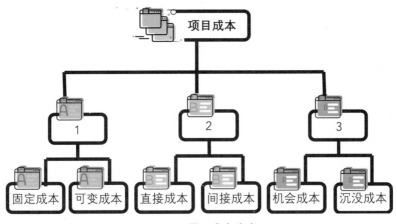

图6-1 项目成本分类

（1）固定成本与可变成本

固定成本：不随生产量、工作量或时间的变化而变化的非重复成本为固定成本。

可变成本：随着生产量、工作量或时间而变的成本为可变成本。可变成本又称变动成本。

固定成本与可变成本的关系：

$$成本 = 固定成本 + 产量 \times 变动成本$$

（2）直接成本与间接成本

直接成本：直接可以归属于项目工作的成本为直接成本,如原料、材料费、设备使用费、项目团队差旅费、工资等。

间接成本：来自一般管理费用科目或几个项目共同担负的项目成本,所分摊给本项目的费用,如公司场地租赁、组织管理费、税金、额外福利和保卫费用等。

（3）机会成本与沉没成本

机会成本：为了获得某些东西所要放弃另一些东西的最大价值，指向未来。利用一定的时间或资源生产一种商品时，而失去的利用这些资源生产其他最佳替代品的机会就是机会成本。

沉没成本：指已经产生，且无法挽回的，与当前决策无关的成本，指向过去。沉没成本是一种历史成本，对现有决策而言是不可控成本，会很大程度上影响人们的行为方式与决策，在进行投资决策时应排除沉没成本的干扰。

6.1.2 项目的成本结构

项目的成本结构是一个从小到大逐级汇总的过程，主要包括资源成本、活动成本、工作包成本、控制账户成本、项目成本、成本基准、项目总预算、合同价格。

其中资源成本、活动成本、工作包成本、控制账户成本、项目成本，加之对已识别的风险配备一定量的应急储备，可得到成本基准（完工预算）；成本基准再针对未识别的风险配备一定量的管理储备，即可得到项目总预算；项目总预算加上一定的利润即为合同价格。

项目的成本结构如图6-2所示。

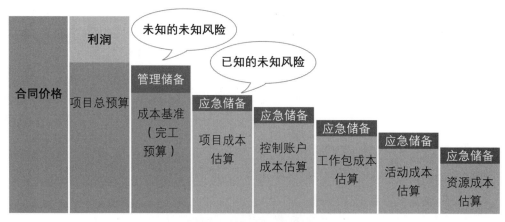

图6-2 项目的成本结构

6.2 项目成本管理概述

6.2.1 项目成本管理概念

项目成本管理是指在整个项目的实施过程中,为确保项目在已批准的成本预算内尽可能好地完成,而作出的预测、计划、控制、调整、核算、分析和考核等各个过程的管理工作。

6.2.2 项目成本管理步骤

项目成本管理分为4个步骤,分别为规划成本管理、成本估算、制订预算、控制成本。4个步骤具体如表6-1所列。

表6-1 项目成本管理的4个步骤

管理过程	解释
规划成本管理	确定如何估算、预算、管理、监督、控制成本的过程
成本估算	对完成项目所需要的资源成本进行近似估算的过程
制订预算	汇总所有单个活动、工作包的估算成本,建立一个经过批准的成本基准的过程
控制成本	监督项目状态以更新项目成本,管理项目成本基准变更的过程

(1)规划成本管理

规划成本管理是在项目早期进行的一项管理过程,是其余3个成本管理活动的基础和前提,目的是为项目成本管理提供指南和方向。

成本管理是对项目章程、项目计划、事业环境因素等,运用一定的工具和技术,经过规划,最终形成成本计划(具体内容将会在6.3节讲到),这一过程如图6-3所示。

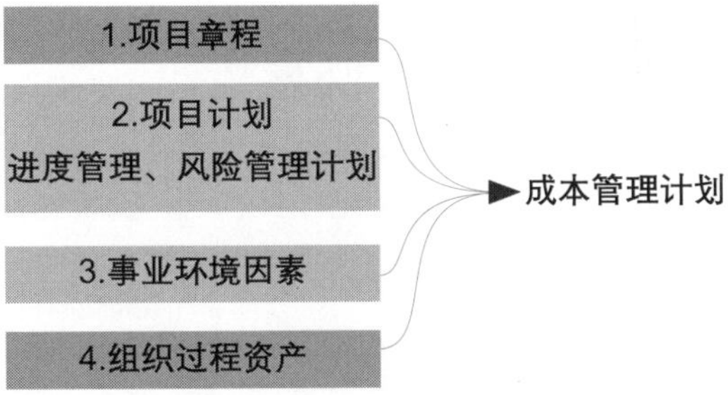

图6-3 规划成本管理的过程

(2)成本估算

成本估算是在项目过程中定期开展的一项管理活动,是根据项目计划、项目文件等,在某个特定时间点,根据已知信息作出的成本预测,目的就是对完成活动所需资源的成本做量化评估。

项目计划、项目文件包括的内容如图6-4所示。

成本的估算分为两个量级：一个是粗略量估算，多发生于项目初期，概念和启动阶段；另一个是确定性估算，多发生于项目中后期。另外，两个量级的准确性、目的和估算条件都不同，具体内容如表6-2所列。

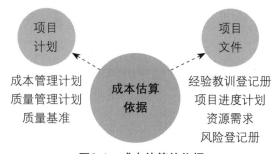

图6-4 成本估算的依据

表6-2 成本估算的两个量级

量级	准确性	目的	估算条件
粗略量估算	-25%～+75%	用于为可行性研究决策、选项决策提供成本估算	适用于没有详细数据的情况
确定性估算	-5%～+10%	为采购提供详情，估算实际成本用于评标、合同变更和额外工作	需基于详细、完成的WBS

（3）制订预算

制订预算可以降低对项目未来的不确定性，帮助管理者预见问题，从既往事实中吸取经验教训，增强业务控制能力。

预算分为两部分，一部分是项目预算，是经批准的用于执行项目的全部预算，包括应急储备和管理储备。目的是确定可据以监督和控制项目绩效的成本基准，通常只在项目初期或在项目预定义阶段进行一次。另一部分是成本基准，是经批准且按时间段分配的项目预算，包括应急储备，但不包括管理储备。

制订预算的重要输出文件就是成本基准，成本基准是对项目进行成本管控的重要措施，它描述了按时间段分配的项目预算，如图6-5所示。

按时间段分配成本基准，得到一条S曲线，根据成本基准，确定总资金

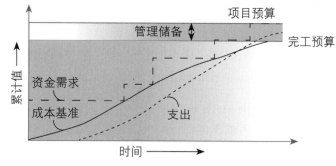

图6-5 按时间段分配的项目预算

需求和阶段性（如季度、年度）资金需求。

（4）控制成本

控制成本是成本管理项目的内在化，具体是指通过科学地组织管理，减少项目中不必要的支出，使利益最大化。

对成本的控制需要在整个项目期间持续进行，只有经过实施整体变更控制过程的批准，才能增加预算，有效成本控制的关键是管理经批准的成本基准，而做好成本控制，目的就是保持对成本基准的维护。

6.2.3 项目成本管理过程

项目成本管理是确保在批准的预算内完成项目，而这种管理又通常由一些过程组成，在预算下完成项目的这些过程是必不可少的。

这些过程包括资源计划过程、成本估计过程、成本预算过程、成本控制过程。

①资源计划过程：决定了完成项目各项活动需要哪些资源（人、设备、材料）以及每种资源的需要量。

②成本估计过程：估计完成项目各活动所需每种资源成本的近似值。

③成本预算过程：把估计总成本分配到各具体工作。

④成本控制过程：控制项目预算的改变。

以上4个过程相互影响、相互作用，有时也与外界的过程发生交互影响。根据项目的具体情况，每一过程由一人或数人或小组完成，在项目的每个阶段，上述过程至少出现一次。以上过程是分开陈述且有明确界线的，但实际上这些过程可能是重叠的、相互作用的。

6.3 项目成本计划编制

6.3.1 项目成本计划的类型

成本计划的类型根据所发挥作用的不同可分为3类，如表6-3所列。分别为竞争性成本计划、指导性成本计划、实施性成本计划。

表6-3 成本计划的类型

类型	产生的阶段	编制的依据	采用的定额
竞争性成本计划	投标及签订合同	招标文件	本项目的消耗水平和费用指标
指导性成本计划	选派项目经理	合同价	预算定额
实施性成本计划	准备实施阶段	实施方案	施工定额

（1）竞争性成本计划

竞争性成本计划是施工项目投标及签订合同阶段的估算成本计划。在投标报价过程中，虽也着重考虑降低成本的途径和措施，但总体上比较粗略。

（2）指导性成本计划

指导性成本计划是选派项目经理阶段的预算成本计划，是项目经理的责任成本目标。它是以合同价为依据，按照企业的预算定额标准制订的设计预算成本计划，且一般情况下，确定责任总成本目标。

（3）实施性成本计划

实施性成本计划是项目施工准备阶段的施工预算成本计划，它是以项目实施方案为依据，以落实项目经理责任目标为出发点，采用企业的施工定额通过施工预算的编制而形成的实施性施工成本计划。

6.3.2 项目成本计划的编制

项目成本计划对项目成本控制具有指导性，通常由项目管理机构负责组织编制。但在编制的过程中需要依据事实，严格按照程序进行。

（1）项目成本计划编制依据

项目成本计划以合同签订之时的项目成本估算、合同价格、预期合同盈利率为基础，是对项目中各项工作的成本做预先分配。因此，必须客观真实、符合实际，比如，在对计划进行调整时可以根据项目实施过程中的实际情况做调整，额度较大的调整往往需要项目管理委员会的同意，有时需要同时签署客户合同或分包合同变更协议。

项目成本的依据主要还是预算成本，以及与项目实际情况有关的其他影响因素。其他因素如图6-6所示。

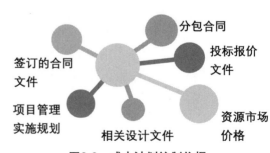

图6-6 成本计划编制依据

（2）项目成本计划编制程序

项目成本计划编制应符合预定总计、分机错批的程序，具体如图6-7所示。

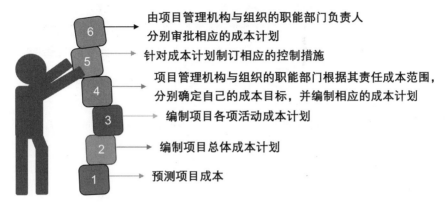

图6-7 项目成本计划编制程序

6.3.3 项目成本计划编制方法

由于企业不同的生产方式和特点，项目管理的要求也不同，成本计划的编制方法同样不同。再者，编制方法与分类依据也有关系。

（1）按照编制部门的责任分

按照编制部门的责任分，一般有3种分类方法，如图6-8所示。

①一级成本计划编制方法。

这是由项目部直接编制的一种方法，适用于规模较小的项目。

②分级成本计划编制方法。

图6-8 按照编制部门责任划分的编制方法

这种方法即由负责项目某环节或部分的部门，先编制分项目的成本计划，然后再由企业的财务部门进行汇总，编制整个项目的计划。适用于规模较大的项目。

③一级与分级相结合的方法。

这种方法是由项目分部门和项目总部门分别编制，分部门负责工资、费用等成本的编制，总部门负责直接材料等费用的编制。最后由企业财务部门进行汇总，最后编制出最终的成本计划。

（2）按照项目本身划分

按照项目自身划分，一般有3种分类方法，如图6-9所示。

① 按成本组成编制成本计划。

图6-9　按照项目本身划分的编制方法

成本的组成包括人工费、材料费、机器设备费、项目管理费等，即与具体项目有关的其他费用。这种方法就是根据以上不同费用而编制的计划。

② 按项目结构编制成本计划。

项目结构是指通过一定方式对项目进行逐层分解，以反映组成该项目的所有工作任务。这种方法就是根据该项目工作任务的不同而编制的计划。

③ 按项目的实施阶段编制成本计划。

项目的实施阶段在项目生命周期的部分里讲到过，大体上可以分为4个阶段，启动阶段、计划阶段、执行阶段和收尾阶段。在不同的阶段都可以编制出不同的计划。

6.4　项目成本预算

6.4.1　项目成本预算必要性、定义和内容

在项目管理中，由于其本身是非程序性的管理工作，项目成本预算不准确的情况经常出现也成为了必然。一家著名管理咨询公司的副总裁回忆说，他以前就曾经遇到过一个客户，这个客户对自己每一个工程项目的预算都比按成本估算分解的成本要少20%，结果，实际支出会超出预算就是必然的事情了。对于这种普遍存在的项目成本预算不准确情况，这位副总裁解释说："这些客户从来就不相信自己可以准确地对项目工期和预算作出合理的判断。管理工作本身不需要项目负责人做到准确无误、丝毫不差，因为这项工作需要纠正或调整。"管理首先是单纯的现场管理，然后发展到事中的经营管理和财务管理，再到事前的预算管理、事中的经营管理和财务管理及事后的考核控制结合的全面管理阶段。因此，做项目管理需要预算管理，项目管理团队需要对项目进行事前的项目成本预算管理。

项目成本预算是一项制订项目成本基线的管理工作。具体是指运用一定的方法，根据项目的成本估算、项目进度及风险管理计划等，为项目各项活动工作分配和确定预算、成本定额以及确定整个项目总预算的管理过程。项目成本预算的过程具体见图6-10。

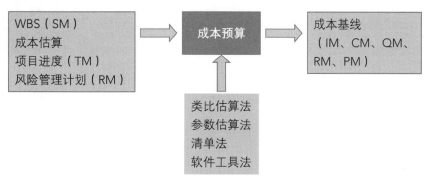

图6-10 项目成本预算的过程

（1）确定项目总预算（估算加储备）

以某建设项目为例，其项目总预算表如表6-4所示。

表6-4 某建设项目总预算表

建设项目名称：
编制范围：　　　　　　　　　　　　　　　　　　　第1页　共　页　01表

项目	目	节	细目	工程或费用名称	单位	数量	预算金额/元	技术经济指标/平方米	各项费用比例/%	备注
	1			××××	km	10.660	76681678	7193403.19	78.10	
	2			××××	km	10.660	1008504	94606.38	1.03	
	3			××××	km	0.280	195859	699496.43	2.03	
	4	1		××××	km	0.280	195859	699496.43	3.03	
	5			××××	km	1.400	117551	83965.00	4.03	
	6			××××	km	1.400	12133	8666.43	5.03	

（2）确定项目各项活动预算

以费用预算表为例，如表6-5所示。

表6-5 费用预算表

费用预算表		费用合计金额 总计：		1285.00元		
序号	费用项目	数量	单价	金额	用途	备注
项目大类	项目名称01	1	75.00	75.00		
	项目名称02	4	280.00	1120.00		
	项目名称03	2	45.00	90.00		
项目大类						

6.4.2 项目成本预算编制的原则

要实现预期目标，必须对项目做出最为合理的预算。准确的成本预算是每个项目成功的前提条件。为制订准确的成本预算必须遵循图6-11中的4条原则。

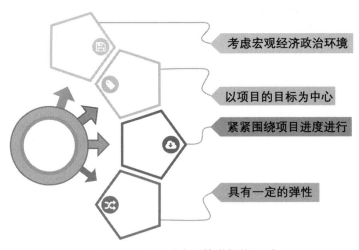

图6-11 制订成本预算遵循的原则

（1）考虑宏观经济政治环境

任何经济活动都不能脱离所运行的环境，项目管理也不例外。比如，项目是国家限制的，那么可能公关的成本费用要多得多；如果项目可能造成的环境污染相当严重，那么未来的或有成本费用也需要在进行项目成本预算时加以考虑；当整个宏观经济处于高通货膨胀时期，项目成本预算时必须考虑这一因素，否则，赚到的利润可能已经不值钱。

（2）以项目的目标为中心

项目成本预算在进行预算时应该以项目目标为中心，全面考虑与实现该项目目标有关的成本费用。

例如，有一台闲置设备，可以用于项目管理，也可以对外出售。那么，在这种情况下就必须以对外出售的价格减去相关税费作为项目预算的成本费用总额。项目的目标不同，项目的成本费用也不一样，同样一种设备对于这个项目可能是成本费用，但对于另外一个项目可能就是废品。

（3）紧紧围绕项目进度进行

资源在投资与再投资过程中产生的时间价值，与项目的进度相关。一般情况下，项目的进度越快，项目成本费用越高，因为要快得超出常规必然要用超出常规的资源。项目进度越快，项目成本预算的时间价值的重要性相对越弱；项目进度越慢，则时间价值的重要性越强，对项目成本预算的影响越大。

（4）具有一定的弹性

由于项目在执行的过程中，可能会有预料之外的事情发生，包括国际、国内政治经济形势变化和自然灾害等，这些变化可能对预算的执行产生一定的影响。因此，编制项目成本预算，要留有充分的余地，使项目成本预算具有一定的适应经济政治环境条件变化的能力，即预算应具有一定幅度的弹性。

6.4.3 项目成本预算编制的方法

项目成本预算本就是运用一系列科学的方法去对项目有关工程技术、经济、社会等方面的条件和情况进行调查、研究、分析，从而推算出项目所需成本的手段。尤其是对于一个大型的项目，由于项目的复杂性、行业独特性，预算不是一件容易的事情，需要进行一系列的方法支撑。因此，在成本预算中，方法很重要，是核心要素。

项目成本预算的方法，常用的有如图6-12所示的5种。

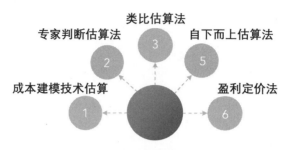

图6-12 项目成本预算的方法

6.4.3.1 成本建模技术估算

成本建模技术是指根据项目特征,用数学模型来预测项目的成本。这种方法一般采用历史成本信息(信息与项目成本的一些软件度量标准相关),来建立估算模型,并通过这个模型预测工作量和成本。

采用这种技术时可以按照以下3个步骤进行。

(1)成本分析

在进行成本分析时,应该对每一项成本进行分解,明确项目中的所有成本要素。

以采购成本为例。按照总拥有成本TCO的概念,成本要素包括4个部分,即采购价格、取得成本、使用成本、寿命末期成本,具体内容如表6-6所列。

表6-6 采购成本分析

成本要素	具体内容
采购价格	购买材料的价格
取得成本	从购买地到使用地的费用,如寻源、运费、存储费等
使用成本	机会成本、安装使用成本、耗材维护成本等
寿命末期成本	处理成本、残值、项目费、库存损耗、模具报废等

(2)获取数据

通过成本分析获取大量数据,这些数据是建立成本模型的前提和基础。数据越充分,成本模型越可靠,预算越精准。

成本预算项目数据通常来自几类数据,如表6-7所列。

表6-7 成本预算项目数据来源

成本预算项目	具体内容
直接材料	原料、辅助材料、包装材料

成本预算项目	具体内容
直接人工工资	各工序工资
物料的损耗	各工序的收得率
制造费用	管理人员工资及附加折旧修理检验费用、动力费用，及水、电、燃气费用等

（3）建立成本模型

成本模型使用得当，能够帮助企业或客户理解产品的成本结构，帮助公司与较为被动的供应商建立基于事实的谈判。建立成本模型的方法有很多，最常用的是合理成本估算法（should cost model）。

合理成本估算法需要先根据行业数据或者供应商提供的数据作为参考，建立一个行业或供应商的基础成本模型，图6-13中所展示的是某塑料产品的基础成本模型。

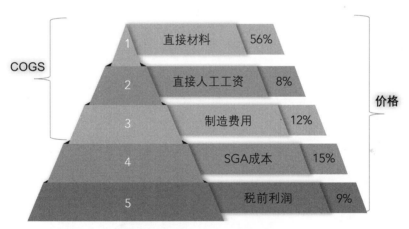

图6-13 基础成本分析模型图

（注：SGA成本=销售成本+一般成本+管理成本；COGS为销货成本）

有了基础模型以后，就很容易根据其中某项我们所知的成本推算其他部分的成本数据。例如，可以通过拆解某个产品而推算其直接材料成本，再根据其在成本结构中的比例来推算其余成本要素的数值。

仍以前文所述的某塑料产品为例，比如，它的直接材料成本为6元，成本在总成本中占比56%，那么根据所建立的基础成本模型就可以计算出其他各基础成本要素的数值，表6-8是根据某塑料件的基础成本模型推算其各成本要素的数值。

表6-8　某塑料件的基础成本模型各成本要素数值

成本要素	占比/%	成本/元	计算方法	备注
直接材料	56%	6	已知	
直接人工工资	8%	0.86	(6/56%)×8%	
制造费用	12%	1.29	(6/56%)×12%	
生产成本	76&	8.15	6+0.86+1.29	=直接材料+直接人工工资+制造费用
SGA	15%	1.61	(6/56%)×15%	
税前利润	9%	0.96	(6/56%)×9%	
价格	100%	10.72	6+0.86+1.29+1.61+0.96	各基础成本要素总和

6.4.3.2 专家判断估算法

专家判断技术也叫德尔菲法，是指聘请一个或多个领域专家和软件开发技术人员，分别对项目成本进行估计，并最后达成一致，从而获得最终的成本。这种方法是项目管理过程中常用的工具，在规划成本管理和估算成本过程中，其主要作用在于对项目环境进行有价值的分析，并提供以往类似项目的相关信息；决定是否联合使用多种估算方法，以及如何协调这些方法之间的差异。

运用专家判断法，最核心的是组织专家队伍。广义上讲，任何能够为项目提供专业知识、技能的集体和个人均属于专家范畴，具体包括6类人群，如图6-14所示。

图6-14　专家判断估算法中的专家范畴

6.4.3.3 类比估算法

类比估算法是一种使用相似活动或项目的历史数据,来估算当前活动或项目的持续时间或成本的技术。

类比估算是依据过去类似项目的参数值(如持续时间、预算、规模、重量和复杂性等),来估算未来项目的同类参数或指标。比如,在估算持续时间时,以过去类似项目的实际持续时间为依据,来估算当前项目的持续时间。

这种方法的操作步骤比较简单,通常可以分为4个步骤,如图6-15所示。

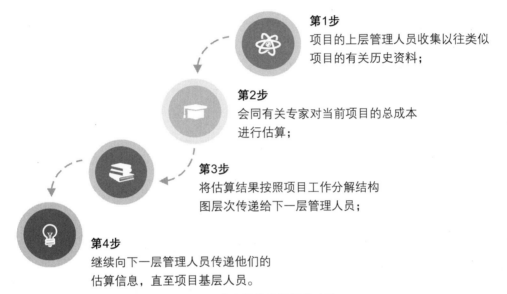

第1步 项目的上层管理人员收集以往类似项目的有关历史资料;

第2步 会同有关专家对当前项目的总成本进行估算;

第3步 将估算结果按照项目工作分解结构图层次传递给下一层管理人员;

第4步 继续向下一层管理人员传递他们的估算信息,直至项目基层人员。

图6-15 类比估算法的操作步骤

相对于其他估算技术,类比估算法优势是成本较低、耗时较少,尤其当项目的资料难以取得时,此方法是估算项目总成本的一种行之有效的方法。可以针对整个项目或项目中的某个部分进行,也可以与其他估算方法联合使用。如果以往活动是本质上而不是表面上类似,并且从事估算的项目团队成员具备必要的专业知识,那么类比估算就最为可靠。

当然,它也会有一定的局限性,有时它的准确性也会比较低,在进行成本估算的上层管理者根据他们对以往类似项目的经验对当前项目总成本进行估算时,由于有项目的一次性、独特性等特点,在实际生产中,根本不可能存在完全相同的两个项目,因此这种估算准确性往往较低,这也是其最大劣势之一。

所以,有时需要根据项目复杂性方面的已知差异进行调整,在项目详细信息不足时,就经常使用类比估算来估算项目持续时间。为了使这种方法更为可靠和实用,进行类比的以往项目不仅在形式上要和新项目相似,而且在实质上也要非常趋同。

6.4.3.4 自下而上估算法

自下而上估算法是指通过从下到上逐层汇总WBS组成部分来实现的估算方法。这种方法是主要依据工作分解结构、产品的功能以及实现该功能的子功能来完成的。步骤是先评估每一个细小活动的成本,然后逐级汇总至最顶层,从而得到最终成本,示意图如图6-16所示。

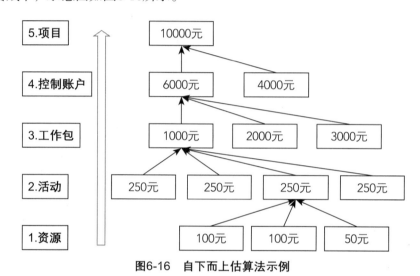

图6-16 自下而上估算法示例

当然,在估算过程中需要掌握一定的技巧,比如根据工作分解结构,通过累加方式得到最终的成本估计。

这种方法的优势是精确度高,当然,成本也是最高的。

6.4.3.5 盈利定价法

盈利定价法是指通过估算用户愿意在该项目上的投资额来计算,成本的预算依据多是依靠客户的消费意愿成本,而非项目活动本身成本。

上面这些方法有各自的优势,也有不足,在实际运用时需要根据实际情况综合评估。如果是一个大型的项目,通常要同时采用几种方法,并且比较它们估算的结果,假如估算的结果大相径庭,就说明没有收集到足够的成本信息,应该继续设法获取更多的成本信息,重新进行成本估算,直到几种方法估算的结果基本接近为止。

第 7 章
沟通管理：
扫清项目信息交流中的障碍

项目管理失败的最主要原因经常是团队之间的沟通不力。在项目实际运行中，项目经理需要花大量时间去与项目管理层、下属以及客户沟通。通过有效的沟通来获得足够的信息，第一时间发现问题，进而协调各环节，最终解决问题。

7.1 项目沟通概述

7.1.1 项目沟通的定义

沟通,是人与人思想、信息交换的一种方式,是一个人将自己的思想、信息传递给另一个人的过程。对于沟通的理解,常规上就是表达,能说、会说,是一种人际交往技巧,而项目管理中的沟通并不完全等同于常规意义上的沟通。

项目管理中的沟通是针对项目而言的,是为实现特定目标而临时组织的交流。是确保项目团队的相关信息能及时、正确地产生、收集、发布、储存和最终处理好项目信息所需的各个过程。

沟通对象主要是项目干系人,不同干系人需要的信息可能不同。干系人可以分为两大类别:一个是关键者;另一个是项目团队。所以,在项目启动时,就要识别所有的项目干系人,以及不同人的不同信息需求,不同人所得到的信息也要拿出来共享交流。

有效的沟通是依赖于口头和非口头的肢体语言来传递信息的,同时依赖于线索来反馈,项目沟通流程图如图7-1所示。

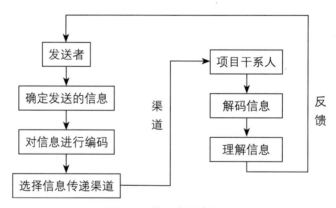

图7-1 项目沟通流程图

项目沟通管理是针对项目沟通进行的管理,是为了实现项目目标,科学地、合理地组织和管理所有项目工作中的交流活动。

7.1.2 项目沟通的重要性

在项目管理中,沟通管理是专门作为一个知识领域存在的,一个优秀的项目经理要花75%以上时间在沟通上,可见项目沟通管理在项目中的重要性。

项目沟通管理的重要性体现在6个方面，如图7-2所示。

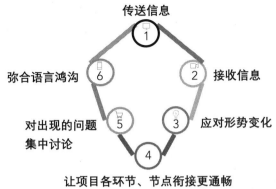

图7-2 项目沟通管理的重要性

（1）传送信息

项目经理如何确保团队成员与自己互通有无？确保对项目有充分的理解，坚决执行？秘诀就是沟通，让消息畅通无阻地传递下去。

通过沟通让团队成员明确自己在项目中的角色和职责、项目目标、项目细节、进度，以及妨碍任务按时完成的限制因素等，这些信息都需要在沟通中完成。

（2）接收信息

项目沟通除了承担着传送信息的作用，还有信息反向反馈和传递的功能。这些信息有利于项目领导层和项目经理对项目进行更好的把控和决策。如目标、计划、风险、客户需求和时间限制，坚持定期和集中的沟通系统可以防止可能导致任何项目失败的误解和延误。

（3）应对形势变化

项目从开始到结束是不断变化的，项目领导和经理需要为项目整个过程，或结束后将面临的问题做足准备。而有效沟通可以更好地应对这些变化，并在开始计划阶段制订出详细的沟通计划。沟通计划将包括特定会议期间所需的沟通类型、需要与谁沟通、需要沟通的频率以及需要沟通的需求。

（4）让项目各环节、节点衔接更通畅

项目本身是一个开放性的复杂系统，并且有着严格的施工周期和交付节点。所以项目自研制开始到最终的产品交付，每一个重大里程碑节点都是必须严防死守的。流畅的沟通以及信息传递是科学地组织、协调和宏观控制项目进程的前提。一旦出现问题而导致信息堵塞，那么对整个项目的打击将是致命的，并可能

影响项目最终的成功完成。

（5）对出现的问题集中讨论

沟通过程不只是简单地传递信息，它也是一种控制源。恰当的沟通使下属投入并努力工作，解决遇到的问题。任何项目在实施过程中都会出现这样或那样的问题，而大部分问题都可以在沟通中得到解决，尤其是寻找问题原因，制订解决问题的方案等至关重要的时刻。

（6）弥合语言鸿沟

在一个项目中，项目各方必须以项目的"语言"传达和接收信息，比如，项目管理术语的信息。语言的差异鸿沟妨碍了理解业务的能力，会影响整个项目的执行力。充分的沟通可能意味着能够交谈、说话和被倾听，这样他们就能知道他们是如何为业务作出贡献的，并了解到他们是如何能产生影响的。

综上所述，项目管理中的沟通管理是项目健康运营的基础，往往更多时候沟通管理更是一种艺术。有效的沟通不仅可以改善团队内部成员之间的人际关系，在部门与部门之间乃至上升到供应商与客户之间都会是一种愉悦的交流。

7.1.3 项目沟通的分类

沟通既有传递信息的功能，又能传达激励。因此在沟通中，要注意通盘考虑所期望实现的东西，确定合适的沟通方式，保证在自己所沟通的事情上能获得大部分的支持，最后能够通过依靠他人实施你的指导测试效果。

因此，项目在一开始就要确定沟通方式，这对项目以后的推进、成员之间的信息流传会有很大的帮助。项目沟通的类型是多种多样的，按照不同的分类依据，表现出不同的形式，具体如图7-3所示。

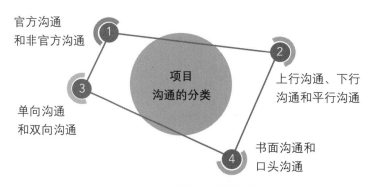

图7-3 项目沟通的分类

（1）官方沟通和非官方沟通

所谓官方沟通即按项目运营期间正式规定的渠道及方式进行信息的传递和交流。诸如定期的汇报、远程电话会、各种例会以及与客户间的正式往来函件。其特点是信息精准且具备强制力，但沟通速度及形式局限性较大。

非官方沟通多为在官方沟通之外的一切信息的交流及传递。可以是雇员之间的交谈、各种小道消息等。这种沟通的特点是信息流通迅速、形式灵活方便，且能获得官方渠道中难以获得的信息，但其真实性难以确定。

（2）上行沟通、下行沟通和平行沟通

上行沟通多为下属向上级汇报情况即自下而上的沟通。项目经理应更多地鼓励项目团队成员积极向直属上级反映项目运营情况，上行沟通的顺畅是项目工作开展的前提，亦是项目经理掌握项目全盘执行情况作出各种决策的基础。

下行沟通多指团队领导对员工进行自上而下的信息传达。诸如将项目整体规划、时间节点、重大里程碑等信息传递给相关工作人员。下行沟通的流畅更多是对项目的整体进程有较大的宏观推动作用。

平行沟通是指团队内部成员间的沟通以及涉及项目的运营的各平行部门间的信息交流。在项目整个执行进程中，经常会出现各相关部门间为资源、人力、设备等诸多因素发生矛盾及争执的状况，导致冲突的主要根源是部门间的互相沟通不流畅。所以部门间的平行沟通对减少矛盾冲突以及信息的流畅是尤为关键的。

（3）单向沟通和双向沟通

单向沟通多为做报告、发布通知、指令等。信息发出者与接收者这两者之间不存在信息反馈只是单方面的信息传递。这种沟通的特点是信息量大、传递迅速，但因信息发出者与接收者之间没有互动，易使得信息接收者产生抵触情绪，并不能将信息深入理解消化。

双向沟通是指信息发出者与接收者相互协商讨论进行沟通。信息发出者在传递信息之后需听取反馈意见，并经过多次探讨直到最终双方取得意见一致为止。这种性质的沟通有着较强的互动性，易于双方建立感情，就是信息发送者会面对较大压力，需随时受到质疑，信息传递理解的速度较慢。

（4）书面沟通和口头沟通

书面沟通多为较正式的沟通，且相关信息亦可作为资料长期保存、反复查阅。口头沟通灵活性强、沟通迅速，沟通的双方存在较多互动，可灵活自由地交换意见传递信息。

经过对以上多种沟通方式的大致了解，在实际项目运营中项目管理人更应该

关注如何进行有效沟通以促进项目全面、健康运营。这中间或许会涉及多种沟通方式及渠道，而且会得到不止一种形式的反馈，由此更要建立多种渠道的沟通方式，尽量采取面对面沟通，判断接受者对你的沟通是否敏感，尽量使用简单的语言并用实际行动使所说的话更具执行力。

所以，项目经理更应关注项目整体运营中每一个阶段的沟通，要从整体利益出发，运用系统的思想通盘考虑项目进展的全过程，对于海量的信息要做到高效、全方位系统管理，要将沟通管理作为项目各方面管理的基础和纽带去提升和深化，这样才能最大效率地发挥沟通管理在项目管理中的重要作用，以满足客户的最终要求，保证高质量项目的交付。

7.1.4 项目沟通的基本原则

在项目管理过程中，很多人都有过被误会、被不公平对待的经历，有时甚至会觉得别人的做法让自己抓狂。此时，应该冷静下来，与对方真诚地开展谈话，而不是借此来发泄不满的情绪。说时容易做时难，此时就需要借助一些沟通的原则了。

因此，项目中的沟通是需要遵守一定原则的，项目经理需要按照5个原则进行，如图7-4所示。

WIIFM原则　　主动性原则　　简洁高效原则　　有始有终原则　　各取所需原则

图7-4　项目沟通的5项基本原则

（1）WIIFM原则

有一人晚间存款，结果卡掉进了自动取款机中，于是，他打电话给客服但被告知要等到第二天，再致电客服告知自动取款机多吐出2000元钱，结果客服立马派出了技术人员到现场解决问题。

这个故事告诉我们，不与干系人的利益直接挂钩，这种交流可能是无效的，至少不是高效的。WIIFM即"What's in it for me"（与我何干），它意味着接收信息的一方与所接收信息有利益上的关联。

运用这项原则其实就是建立一张表格，表格包括3个部分，模板如表7-1所列。

表7-1 WIIFM表格模板

姓名	遇到的问题或障碍	用什么激发其动力

通过这张表格项目经理会在正式沟通之前，理清思路、换位思考，清楚地勾画出谈话对象的心理需求，从而调整好心态和策略。并立刻清楚应该用哪些话可以有效地打动对方，并迅速与对方达成共识。

（2）主动性原则

通常来讲，干系人对项目运行情况的第一手资料全部来自项目经理。因此，项目经理需要主动与干系人保持沟通，让他们清楚项目的进展情况以及遇到的问题。

打个比方，有一个设计制造安全阀的项目，但生产出来的产品没有通过安全测试。项目经理就应该直接打电话告知客户，可以说："项目产品没有通过安全测试，我们正在分析和解决问题。如果有进一步的信息，我马上向您汇报。"

对于项目的进展情况，项目经理必须第一时间主动与客户沟通，千万不可等到问题解决了再汇报。

（3）简洁高效原则

信息过少得不到有效传播，而信息过多，过犹不及，同样得不到有效传播。

每个项目的实施都需要大量沟通，但沟通效果却不一样，有的人几句简单的话就可以轻松达到目的，但是有些人交流半天，别人也不知道你在说什么！

沟通需要简单高效，带着目的去沟通，把从沟通的原点至沟通的目标点所花费的时间、步骤、过程等统一，这叫沟通路径。必须将沟通路径缩至最短，直接切中主题，不要拖泥带水，说些与主题毫不相干的话。

（4）有始有终原则

与干系人进行沟通必须有始有终，始于项目启动而止于项目结题，制订有效的沟通计划可以提高沟通交流的效率，使在这方面的管理变得简单和有章可循。根据经验，项目状态报告一般可选择10个。

假定一个2个月（相当于8周，每周5天上班时间）的项目，每4天项目经理就应该提交一份报告，详细程度以大概15~20分钟的讨论内容为准，这样既可确保报告内容充足，又不至于过于冗长。

（5）各取所需原则

项目干系人所需要的信息不尽相同，对信息需求的紧迫程度及要求的沟通方式也不一样，这需要项目经理有区别地对待、管理与他们的沟通与交流。

7.1.5 保证项目沟通有效性的方法

项目管理中的沟通管理是项目成功实施的基础，每一个项目从设立开始到运营结束，全程需要保持足够的沟通。除了项目团队内部人员之间的，还包括与供应商、客户、外部合作企业以及政府的。然而，与项目各干系人之间的沟通很多都是无效的，这大大降低了沟通的效率。

为了提升沟通的有效性，需要掌握6种方法，如图7-5所示。

图7-5 提升项目沟通有效性的方法

（1）建立完善的项目沟通管理体系

一个比较完整的沟通管理体系，通常包含4方面的内容，分别为沟通计划编制、信息分发、绩效报告和管理收尾。因此，建立完善的项目沟通管理体系就需要从这4个方面入手，具体如表7-2所列的工作。

表7-2 建立完善项目沟通管理体系的工作内容

工作项目	工作内容
1	构建项目组的沟通网络，决定项目各关系人的信息沟通需求。明确网络沟通中各关系人的职责和权限

续表

工作项目	工作内容
2	建立沟通反馈机制,信息发送出去,对方接收到之后,必须对理解情况做检查和反馈,确保沟通的正确性
3	建立定期检查项目沟通情况制度,保持信息沟通的顺畅和有效
4	做好沟通计划的编制、信息分发、绩效报告和管理收尾工作

(2)正确处理项目各接口的关系

①项目方正确处理与业主的关系。

项目方要正确理解业主的意图和要求,在设计中定期向客户汇报进展情况,并交换意见。如果客户有更好的建议,在不违反标准、规范、设计初衷的情况下,尽量满足客户的变更要求,以创造良好合作氛围。

②处理好与分包商的沟通协调关系。

项目总承包方应主动、积极、详细地向分包方介绍工程概况、技术要点和项目进度,并对分包方的项目进度和质量进行全程跟踪、控制、协调。各分包方作为项目的负责者,在实施遇到困难,比如,场地、材料、工具等问题时,要加强与总承包方沟通,通过总承包方的及时沟通解决施工中出现的各种问题。

③正确处理项目内部的协调关系。

对于项目总承包方而言,维护好内部关系尤为重要,由于项目涉及设计、采购、施工、设备安装等多项工作,各项目小组协调和配合常常出问题。总承包方要加强内部的协调沟通,形成全面统筹、信息畅通的内部管理格局。比如,设计组、设备组、施工组之间,各自除做好各自的工作外,还要做好协调与配合工作,具体如表7-3所列。

表7-3 设计组、设备组、施工组工作的协调

项目小组	工作内容
设计组	凭借技术优势,不但要对整个工程的技术负责,同时要对设备组订货提供技术支持,解决现场出现的各种技术问题
设备组	要积极、主动与设计沟通,了解设计人员的意图,并随时与施工组保持联系,根据施工工期的要求,积极组织货源,保证工程顺利按进度进行
施工组	要借助与设计人员的交流,保证工程质量,满足设计要求,同时将施工进度及时反馈给设备组,以保证设备能及时组织到位

(3)一个好的项目经理在沟通方面需要具备的要素

①要有很强的沟通管理意识。

没有信息就不可能进行管理,而信息只能通过沟通得到。所以,项目经理必须充分认识到沟通在项目管理中的重要性,有很强的沟通意识,花50%～70%的精力用于沟通,定期和相关人员建立沟通,做到每一件事情都要与干系人进行沟通。同时,要掌握沟通有效性的基本原则,尽早沟通、主动沟通,及时发现当前问题和潜在问题,采取有效措施,避免项目实施中不必要的损失。

②要有高超的沟通管理技巧。

项目沟通是讲究技巧的,盲目的沟通,即使花费了大量的时间和精力,效果也不一定好。掌握高超的沟通管理技巧可以从3个方面入手去做,如图7-6所示。

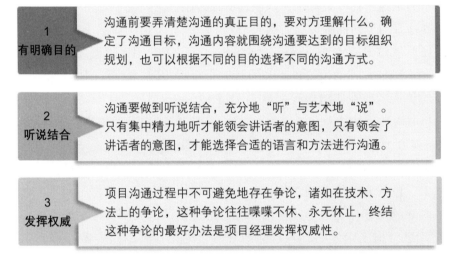

图7-6 掌握沟通管理技巧的方法

(4)保持沟通渠道的畅通

项目沟通中典型的问题就是因沟通渠道不通畅造成的"过滤",过滤会导致信息的丢失。因此,参与项目组的成员都必须建立沟通平台,最大限度保障沟通顺畅,使得信息在传递中保持原始状态。

同时,要建立有效的沟通反馈机制。在项目沟通中,采用适当的沟通方式,运用有效的沟通技巧,并不一定就能收到预期效果,因此,对于重大问题的沟通或者多人之间的沟通,必须要求信息接收方对信息的沟通结果进行确认和复述,以确保信息的正确和有效。

（5）采用正确的沟通形式

工程项目中的沟通形式是多种多样的，通常分为书面和口头两种形式。书面沟通大多用来进行通知、确认和明确要求等活动。语言文字运用是否恰当则直接影响沟通的效果。使用语言文字时要简洁、明确。

口头沟通中应该坦白、明确，避免因文化背景、民族差异、用词表达等差异造成理解上的误差。此外，要善于借助与形体语言结合，肢体语言、图形演示、视频会议都可以用来作为补充。它能摆脱口头表达的枯燥，在视觉上把信息传递给接收者，更容易理解。

另外，要特别注意克服不良的沟通习惯；该用书面沟通的不用口头沟通，该与项目经理沟通的，不与组员沟通；该今天沟通的，不拖到明天。严格执行沟通规定，避免出现项目沟通中的失误。

（6）重视沟通效率，节约沟通成本

沟通对项目的重要性是毋庸置疑的，但项目经理在强化沟通的同时也不能忽视沟通的成本。尽量节约沟通成本，能用网络会议、电话会议的就不宜集中开会；能邮件、电话达到目的的，就不必面谈；能用规章制度标准化的，就没必要逐个沟通。

另外，沟通方式的选择、沟通时机的把握、沟通范围的界定也很重要，会大大影响沟通的效率，进而影响到整个项目成本和进度。

如何拥有高效的沟通，是一个复杂而又必须予以解决的问题。项目沟通效果的好坏，在很大程度上决定了项目的成功与否，因而研究项目的沟通效果具有十分重要的意义。

7.2 项目沟通计划的编制与实施

7.2.1 项目沟通计划概述

项目沟通计划通常在项目初期就需要确定并制订出来一个文件性的东西，是项目初期阶段工作的一个主要部分。沟通计划可以很简单，也可以很复杂，适用于单个团队开发项目，也适用于多团队合作项目，但无论哪种情况，项目沟通计划都是必须有的。

在华为，善于沟通不仅是项目管理的重要手段，而且是每个华为人的基本职业技能。

为了确保信息沟通工作的顺利进行，华为要求所有的工作人员在沟通中必须提前制订沟通计划，明确信息沟通的相关人、信息沟通形式、信息发放时间和发放方式等内容，并制订出详细的信息发放日程表。

为了避免在工作过程中出现对接障碍，华为公司要求员工在项目工作开始之前就做好沟通，并坚持三原则，具体如图7-7所示。

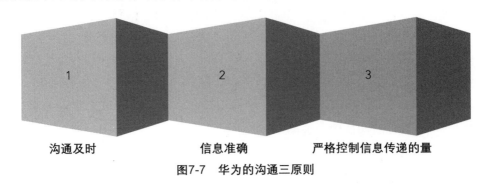

图7-7　华为的沟通三原则

①"沟通及时"是华为员工遵守的首要原则。华为员工会将必要的信息在第一时间向利益干系人传达，以保证上下、平行沟通渠道的顺畅。

②"信息准确"是华为员工沟通的第二项原则。不论是书面沟通还是口头沟通，华为员工都会准确地传达信息。为了保证沟通信息的准确性，华为员工会借助金字塔思维工具。在金字塔顶端的是综述，即要表达的观点、问题、看法和结论。随后，华为员工会针对上一级的内容一层一层地展开，直到信息足够准确为止。

③最后，华为员工会严格控制信息传递的量，确保恰到好处，这是沟通要遵守的第三项基本原则。因为信息过多倾听者容易忘记，过少则降低效率。一般信息传递都遵守7±2原理，因为人的记忆广度大约为7个单位（阿拉伯数字、字母、单词或其他单位），过多或偏少都不适宜。

（1）项目沟通的概念

项目沟通计划，又叫作communication channel，是对项目全过程沟通工作，各个方面的计划与安排，包括沟通方法、沟通渠道等，也包括根据计划实施结果的定期检查、修订等。

（2）项目沟通计划的意义

项目沟通计划对于推动整个项目健康、有序地进行有着巨大的促进作用，主要体现在3个方面，如图7-8所示。

沟通管理：扫清项目信息交流中的障碍 第 7 章

图7-8　项目沟通计划的意义

①增加团队间的交流。

一个项目，尤其是大型项目，都是需要团队协作进行的。而团队之间由于地理位置、时区的不同，或这样、或那样的原因，常常会有信息壁垒，从而造成信息上传下达的困难。而沟通越多，相互之间知道的信息也就越多。

有了项目沟通计划，团队和团队之间就会建立起定时会议，或者相对标准的沟通方式，这从很大程度上解决了团队因处在不同地域或者不同时区造成的沟通障碍。

事实证明，一个沟通良好的项目，可以最大限度降低多团队跨地域造成的信息壁垒。增加团队的合作度。同时使得项目计划更为合理，从而降低项目风险，保证项目按照计划实施。

②明确遇到问题该找谁。

很多项目不单单是一个系统，而是会牵涉到多个系统。为了保证系统和系统之间顺利交互，保证整个系统的工作按照设定计划进行，最根本的解决方式就是沟通。良好的沟通可以追溯问题根源，明确问题所在的环节，相关负责人是谁，尤其是在需要多个团队相互合作、相互配合的情况下。

在配合顺畅的情况下，有了高效沟通，很多问题能被很快解决。比如，两个系统因为时差，不能同时上班，一方如何明明白白地知道另一方做了什么，对方团队打算送什么样的数据格式过来等，只要有畅通的沟通，时差造成的问题就能迎刃而解。

③增加项目透明度。

很多缺乏沟通的项目，项目进度停滞不前，看着计划所有任务都在延迟，但是看看团队好像又没有什么可以做的。细细问下去，团队在等其他团队的某个数据或者某种设计方案。然后再问问对方团队，他们也没有开始着手，原因是他们在等其他团队驱动这件事情。

所以很多情况下，使得项目停滞不前的不是现实，而是双方透明度太差，都自认为对方会来驱动事情,于是谁都不动。有了项目沟通计划,多个团队负责人定期在会议中询问当前进度,让各自负责的项目部分都处在一个公开、透明的状态,各自的团队负责人得知其他团队开发的与自己相关部分的进度,也可以调整自己的计划,使得计划更为合理,减少资源等待浪费的现象。

7.2.2 项目沟通计划的编制步骤

要想制订出一份科学、合理的项目沟通计划,必须严格按照符合计划现状、反映计划内容规律的步骤进行。

项目沟通计划的编制需要先根据收集到的信息,确定项目沟通要实现的目标,然后再根据项目沟通目标,进行沟通需求分析,得到项目任务。

综上所述,项目沟通计划的编制大致可分为4个步骤。

(1)收集与加工信息

信息是沟通计划中最核心的内容,计划中的所有事项都需要以信息为载体,来反映项目的进度和实施情况。因此,编制项目沟通计划第一个步骤就是收集信息,并对信息进行加工。

那么,应该收集哪些方面的信息呢?具体如表7-4所列。

表7-4 项目沟通计划信息收集类型

信息条目	信息内容
1	项目沟通内容方面的信息
2	项目沟通所需沟通手段的信息
3	项目沟通的时间和频率方面的信息
4	项目信息来源与最终用户方面的信息

信息的收集工作完成之后,就是对信息的加工处理。这是编制项目沟通计划的重要一环,只有经过加工处理的信息,才能作为编制项目沟通计划的有效信息使用。

(2)确定目标

对信息进行初步分析后,就需要确定计划的目的,即制订这份计划是用来做什么的,这是下一步需求分析的前提。那么,项目沟通计划的目标有哪些呢?

接下来看一个案例,某学校正在进行一个招生项目,为此制订了一份相关的沟通计划书。其中沟通目标的描述如图7-9所示。

沟通管理：扫清项目信息交流中的障碍 第 7 章

项目沟通管理计划书
一、 项目情况
项目名称：××中学招生处招生计划
项目干系人：学校组织方、项目管理方
项目组成员：招生处小组
二、 沟通计划

> （一）项目沟通管理目标
> 建立全面、有效的沟通体系，与学校领导老师沟通交流，采取大力宣传，媒体信息公告展开招生工作。确保招生项目信息合理收集和传输，科学组织、指挥、控制招生项目的实施过程，获得足够的生源。

（二）项目沟通管理任务
1. 建立招生信息发布系统
向项目招生处及时提供所需招生信息，保证招生计划中实施沟通管理计划的信息需求应对，并做好信息公布的反馈处理。
2. 招生情况绩效报告

图7-9　项目沟通计划目标实例描述

（3）确定沟通需求

接下来是对计划需求进行分析，如何进行需求分析呢？这里可以提炼为5W，即Who、What、When、Where、Way。

①Who：与谁沟通。

与谁沟通即要确定沟通的干系人，如果以项目经理为中心，需要与5方面的人建立沟通的关系，如图7-10所示。

图7-10　Who包括的5方面的人

②What：沟通什么内容。

这个内容包括两个方面：一是需要向谁发布哪些信息，比如，向上级领导汇报项目进展情况，向下面的员工下达分工任务指令；二是需要从哪里获得哪些信息，比如，从客户处获取对产品或服务的质量需求，从供应商处获得报价信息等。

③When：沟通时效性和沟通的时间跨度。

在项目中的沟通是讲究时效性的，时间跨度也不一样。针对不同的事件，不同的对象干系人，包括领导、客户、供应商、监理、测评、研究所、竞争对手等，或许是某个人，也或许是某个组织。由于紧急重要程度不一样，对应的响应时间、处理时间要求也是不一样的。

对于个人要抓住要点、及时沟通，而且时间要短，三言两语说清楚；对于组织和团队，既要兼顾沟通内容本身的急迫性，又要适应其节奏，时间跨度也要长些，过于着急反而可能事倍功半。

④Where：沟通的场合。

项目的沟通可以选择的场合很多，情况不同地点也会不一样，可以是在会议室，也可以是在施工现场，当然也可以是在餐馆等地。

⑤Way：以什么方式与干系人沟通。

项目沟通需要掌握沟通方法和技巧，这是需要练习的，熟能生巧，比如，与上级领导沟通，要看对方是喜欢口头汇报还是书面报告，喜欢看电子文件还是打印文件。

（4）确定沟通方法

在项目沟通中不同信息的沟通，需要采取不同的沟通方法，在编制项目沟通计划过程中，必须明确各种信息需求的沟通方法。常用的沟通方式有口头、会议、书面和互联网媒体沟通等，如表7-5所列。

表7-5 常用的沟通方式

沟通方式	解释
口头沟通	是指借助于口头语言实现的信息交流，主要包括口头汇报、会谈、讨论、演讲、电话联系等
会议沟通	是一种成本较高的沟通方式，沟通的时间一般比较长，常用于解决较重大、较复杂的问题
书面沟通	是指以文字为媒体的信息传递，形式主要包括文件、报告、信件、书面合同等
互联网媒体沟通	是指通过新媒体、自媒体工具的一种沟通形式，包括即时通讯工具、社交平台、直播短视频等。优点是方便快捷，可多人参与；容易消除沟通中带来的紧张情绪；畅所欲言。缺点是适合解决争议不大的问题，一些复杂的问题很难描述清楚，容易造成误解，不利于解决争议

7.2.3 项目沟通计划的具体撰写

在明确了项目沟通计划的编制步骤后,接下来就是具体的撰写。那么,项目沟通计划应该如何撰写呢?先来看一看常规情况下的内容板块,如表7-6所列。

表7-6 项目沟通计划模板

项目沟通计划模板							
填制时间:		制订人:		计划时间段:从___到___			
沟通时间	沟通内容	沟通目的	沟通方式	沟通对象	沟通结果	负责人	

当然,这些板块也不是一成不变的。模板提供的是思路,具体的撰写还需要结合实际,因为不同项目,实际情况会有很大差异,在具体撰写时也会有所不同。

沟通管理是一门非常复杂的管理学科,撰写项目沟通计划书也需要在实践中不断加以总结。根据实际需求,在最短的时间内,达到满足项目需求的沟通效果。因此,对于项目经理而言,要想写出一份适合项目管理的沟通计划书,至少要把握以下5点。

①列一份项目干系人的列表,最好以团队为基础建立干系人列表。

②确定以团队为基础的项目干系人的信息需求和沟通需求,即何人何时需要何种信息。一般来讲,由于大的项目沟通渠道实在太多,以团队为基础能够大大减少这种渠道。

③信息分发的渠道和方式。对于重要的项目一定要有定期的项目绩效报告和问题状态报告。

④项目定期会议,最好是每周例会。这样,项目干系人能够知道问题所在,并明确何时能够得到解决。

⑤特殊问题的沟通对策。

7.3 如何提高项目沟通效果

7.3.1 针对不同沟通对象变换话术

为保证有效的沟通,需要在建立沟通管理计划的同时理解沟通的对象是谁。

项目中常见的沟通对象有3种,如图7-11所示。

图7-11 项目中常见的沟通对象

(1)与项目领导的沟通

与项目领导的沟通通常只有两件事情,一件是需求问题的解决办法,另一件是需求其他方面的支持。

当遇到解决不了的问题,需要与领导沟通时,要先清楚领导的权限和角色,找到关键路径上的关键领导,避免信息同时发送多个领导,造成领导之间的沟通成本加大,影响问题的解决效率,增加领导协调解决问题的难度。

当需要寻求领导的支持而进行沟通时,语言一定要简练,言简意赅地描述清楚问题的关键所在,需要哪方面的支持。最好根据具体问题给领导1~3个选择,并指出项目组倾向于哪个选择,原因是什么,而不是把问题直接扔给领导。

(2)与项目团队成员的沟通

要圆满地完成项目目标,关键在于人员而不是程序和技术。激活人这项决定性的因素,团队中就有了一种精神:"一个团队,一个步调,一个目标",人人有归属感,队伍有凝聚力。而这一切都需要沟通,与团队中每一位成员充分地沟通。

沟通的要点如表7-7所列。

表7-7 与项目团队成员沟通的要点

沟通要点	解释
明确流程	沟通前要明确项目流程、计划以及关键时间点,计划指导工作
达成共识	沟通中要与项目组成员达成共识,明确建设目标。项目组成员要有一个共同的预期
分工协作	确定工作范围、明确职责、实时监督
沟通及时	遇到问题及时分析解决。一些小问题如果没有及时发现和解决,很有可能发展成大问题,影响项目顺利进行

沟通要点	解释
鼓足士气	项目管理不可避免会遇到一个又一个新问题，面对困难和压力，首先要坚定信念、树立信心和鼓足勇气，引导项目顺利渡过难关
注意言行	一个人说话做事的对象、场合、时机、技巧等，产生的效果和影响是截然不同的。少指责，多鼓励；少抱怨，多建议；少空话，多行动

（3）与客户的沟通

与客户沟通要做到两点。

第一点，明确客户对项目的态度，知道客户想要的是什么。

与客户明确项目需求及目标。尤其是项目急时，目标就更要清晰，避免在项目进行中因为需求变更过大造成资源的损失和浪费，或者因为其中的小项目、小细节影响大局。

以某省国产化项目为例。客户明确表示："按照你们的思路做，只要确保年底能够验收就行。"从客户的这句话中可以得出以下两点：

①客户对公司的信任、能力的肯定。

②没有客户的参与是不可能把项目做好的。

与客户沟通一定要明确客户对项目的态度，知道客户想要的是什么。否则，做出的项目没价值，对客户来讲没实际用处；对项目方而言体现不出来自身的工作价值。

第二点，注意与客户沟通的技巧。

①第一个技巧是第一印象。

与客户沟通，第一印象很重要，要不断强化好的第一印象。在项目开始阶段我们就需要在潜意识里告诉客户，我就是这个行业的专家。告诉我你要做什么，剩下的交给我们，我们帮你完成。要让客户感觉到：把项目交给你，就很放心。同时需要有较强的业务能力做支撑：可以简单地介绍一下以往做过的类似项目，同时注意我们说话的语气一定要有底气。

如果客户对你的第一印象就觉得业务能力不行或是人品有问题，那么，无形中就增加了开展后面工作的阻力。

②第二个技巧是时刻让客户了解项目进度。

要定期向客户介绍项目的进展情况，告诉客户这段时间我们做了什么东西。经常会发现有这样的情况发生，就是客户与项目组成员掌握的信息不对称。客户也知道我们天天在加班，但就是看不到工作成果，也不清楚我们在做什么。并不是所有客户都了解我们的实施流程和分析流程,所以让客户了解我们的工作进展情况就显得尤为重要。

③充分听取客户的建议。

对于客户提出的需求,尽量不要直接去否定。先确认是否为项目合同内,如不在项目合同内,则把相关需求建议转达给销售等相关人员。如果在合同范围内,先与客户共同分析它的必要性,如有必要再分析说明主观因素和客观因素能否满足。如不能满足,再进一步把需求进行分解,告诉他我们能够做到哪一步。

7.3.2 建立完善的沟通体系

完善的沟通体系是提升沟通效果的主要保障之一,纵观那些沟通失败的案例,大都是没有完善的体系,或者干脆没有体系。

沟通体系一般分为两个,一个是内部沟通体系,另一个是外部沟通体系,具体内容如图7-12所示。

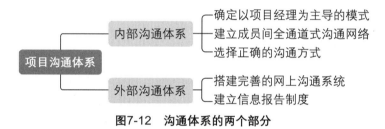

图7-12 沟通体系的两个部分

(1)内部沟通体系

构建项目管理内部沟通体系,主要是在团队内部建立以项目经理为主导、项目成员间全通道式沟通网络。目的是让成员间充分交流、相互信任、互相支持、分享信息、保持信息沟通顺畅和有效。

①确定以项目经理为主导的模式。

项目经理所领导的项目部是项目管理的组织核心,项目经理在沟通管理中的角色是非常关键的。研究表明,能够与自己的项目组成员及项目干系人保持良好沟通的项目经理可以最大限度地获得信任和支持,能够使自己的理念、项目目标、项目状态报告得到很好的执行,从而推进整个项目的有效实施。

②建立成员间全通道式沟通网络。

项目团队成员需要一个开放式的信息沟通网络,有了这个网络每一个成员之间都可以建立起一定的联系,从而彼此了解,这也是项目团队成为一个信息畅通、协调融洽的组织的基础。

网络建立后可以通过组织召开相关会议，让每个成员在会议上说出相关人员需要提供的信息，并进行信息的交流和反馈。每个项目成员将自己的专业进展情况和需要配合的专业信息以书面形式定期上交，进行归纳总结后分发给项目组成员，进行信息反馈；还可以组织以座谈的形式，在轻松愉快的环境中各成员畅所欲言，解决问题。研究表明，这些都是形成良好沟通网络的主要方式。

③选择正确的沟通方式。

沟通有多种方式，可以根据沟通环境、时机，以及信息的重要性、紧迫性、沟通方的权威性、沟通信息的机密性等因素而选择。

上行沟通：用会议、会谈方式经常向上级领导汇报进展情况。

下行沟通：与项目团队成员布置任务和交流信息，可以采用会议、会谈、电话和非正式沟通方式进行。

非正式沟通：项目管理团队成员之间的沟通渠道。

（2）外部沟通体系

为什么要构建外部沟通体系，是因为有很多项目在实施过程中，客户和外部干系人是信息的优势方。相对于内部，外部方更加了解项目的进行情况，项目的实施动向。

比如，工程类项目，承包商作为外部方，相较于业主、监理方等掌握着更多信息量，因此，在沟通中的地位和作用更为重要。缺少承包商的沟通将导致来自各方的不满与猜疑，不利于项目管理的实施和项目的最终完成。因此，在工程类项目的沟通过程中，承包商将是沟通的主导。

搭建外部沟通体系至少需要做好2个方面。

①搭建完善的网上沟通系统。

搭建外部网络沟通管理系统，目的是保证信息在传递过程中的高度匹配和对称。因为信息在传递过程中会不断丢失，最终导致信息接收者和传递者不对称。

信息及时、准确地传递是项目沟通的基本要求，信息不对称造成的影响对项目沟通管理提出了更高要求；要想克服其带来的影响，必须充分利用信息技术和网络技术，建立网上沟通系统。

在项目内部，要建立起上下左右信息传递的网络系统，及时收集整理、分析各类数据。以保证在项目管理过程中，采用数据标准，建立共享集成数据环境，避免形成信息孤岛，实现项目管理信息的数字化、自动化、网络化与集成化。通过信息网络，可以将项目管理过程中信息不对称现象降低到最低限度，以保证各行为主体决策正确进行。

②建立信息报告制度。

信息报告制度首先要确定报告时间、内容等信息；其次要确定严格的奖罚措施，信息传递各方均要以项目为根本，对为一己私利故意隐瞒工程信息的，要进行严厉的处罚并记录在案。另外，为方便各类数据的整理，信息传递的格式要做到严格统一。

实现网上信息共享，有利于项目进展的信息及时、准确地互通，方便项目相关方随时能够查询到最新的工程消息。网络沟通平台的搭建，能够更有效、更及时地传递和交换信息，确立协商机制。

7.3.3 正确协调各接口的关系

保证沟通效果的另一个主要措施就是要协调好各接口的关系。一个完整的项目，需要多方配合才能完成，而各方之间关系的协调问题，则成为沟通中需要解决的重点问题。一个项目的主要接口关系通常包括3组，如图7-13所示。

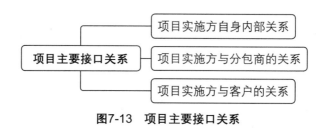

图7-13 项目主要接口关系

（1）项目实施方自身内部关系

项目涉及设计、采购、施工、设备安装等各项工作，各专业组之间的协调相当重要，总实施方要加强内部的协调沟通，形成全面统筹、信息畅通的内部管理格局。

作为项目总实施方，内部是否协调一致尤为重要，如设计组凭借技术优势，不但要对整个工程的技术负责，同时要对设备组订货提供技术支持，解决现场出现的各种技术问题。

设备组要积极、主动与设计人员沟通，了解设计人员的意图，并随时与施工组保持联系，根据施工工期的要求，积极组织货源，保证工程顺利按进度进行。

施工组要借助与设计人员的交流，保证工程质量，满足设计要求，同时将施工进度及时反馈给设备组，以保证设备能及时组织到位。

（2）项目实施方与分包商的关系

有的项目有分包商，项目实施方作为总承包方进行协调、监督工作。这时应该积极、主动、详细地向分包方介绍项目概况、技术要点、项目进度等；并对分包方的进度、质量进行全程跟踪控制，对各分包方分工协作进行综合协调；如果分包方在施工中遇到场地、材料、机具等问题，要加强沟通，通过及时沟通解决出现的问题。

（3）项目实施方与客户的关系

项目实施方要正确理解客户的意图和要求，定期向客户汇报项目进展，交换意见。如果客户有好的建议，在不违反项目标准、规范的前提下，尽量满足客户变更要求，以创造良好合作氛围。

7.3.4 保持畅通的沟通渠道

项目沟通中效率低的典型原因是渠道不通畅。必须建立沟通平台，最大程度保障沟通的顺畅，使得信息在传递中保持原始状态。

为保证沟通的有效性，在保持渠道畅通的基础上，需要建立完善的沟通反馈机制。因为，在项目实战中，往往不是采用了适当的沟通方法，运用了有效的沟通技巧，就一定能得到准确回应的。因此，对于重大问题的沟通或者多人之间的沟通，必须要求信息接收方对信息的沟通结果进行确认和复述，以确保信息的正确性和有效性。

7.3.5 重视沟通效率，节约沟通成本

沟通对项目的重要性是毋庸置疑的，但项目经理在强化沟通的同时不能忽视沟通的成本。沟通方式的选择，沟通时机的把握，沟通范围的界定都会影响沟通的成本，进而会影响整个项目的成本和进度。

所以，要尽量采取节省成本的方式达到沟通的目的，能网络会议、电话会议的就不宜集中开会；能邮件、电话达到目的的，不必面谈；能用规章制度标准化的事情，没必要个案沟通。

项目内部如何进行有效的沟通，是一个复杂而又必须予以解决的问题。项目沟通效果的好坏，在很大程度上决定了项目的成功与否，因而研究项目沟通效果具有十分重要的意义。

7.4 沟通中冲突处理技巧

如果在沟通中发生冲突，项目经理可以采用以下处理技巧。

①要尽量利用好干系人的首次会议，将项目的内容做较为详细的交代，并提请所有干系人对项目可能出现的问题提出建议。

如果项目中出现问题，比如项目需求不清和备件不足的问题很快被识别，就不会出现临时组织会议的复杂局面。因此，除了项目成立大会外，项目经理最好再召开一到两次全体项目干系人大会（或以团队为基础的会议）。也就是说，在解释了项目的背景并分发相关的信息以后，最好留给项目干系人一到两周时间仔细考虑可能面对的问题，并及早识别加以解决。这与风险识别并不完全一样。有的时候识别的可能是风险，有的时候可能根本就是一种实际情况，如公司备件不足的问题。

②项目经理要严格控制会议的次数和内容，全面管理自己的时间分配。比如某公司组织了很多的例会，与不同的项目团队交流。此时，项目经理要明确自己的职责，要努力将会议的时间限制在一定范围。并且，会议最好要形成具体可行的活动内容，并指派具体的实施人员。

③项目经理要理解沟通的不同层次，同时要利用这些层次为自己的项目服务。即使项目经理本身就是一个高级管理人员，他通常也无法解决所有的问题。因此，项目经理需要定期与高层管理人员进行交流，需要高层解决的问题一定要及时上报。

④沟通不仅局限在公司内部，同时也要同外部，尤其是客户进行交流。特别是对项目重要的里程碑，需要征得客户的支持。这包括客户的准备活动（最好有一份准备文档）、施工的时间、客户的工作日历等。

⑤沟通的目的一定要非常明确，项目经理要对沟通的内容进行管理，要注意防止跑题。跑题的情况通常在项目的后期容易出现，随着项目人员的熟悉，很多与项目无关的话题都有可能占用项目会议的时间，并且通常还不易被察觉。因此无论是项目会议还是相关文件，都要明确所要讨论的内容。

第 8 章
采购管理：
做好采购获得最优采购绩效

项目采购管理是项目管理中最重要的一项管理工作，会直接影响到整个项目的进度和完成度。具体是指在有限的资源条件下，为实现项目采购目标所采取的一系列管理活动。项目采购管理不同于企业一般的采购管理，过程不同，侧重点不同，内容也不同。

8.1 项目采购管理概述

8.1.1 项目采购管理的定义

项目是综合性很强的工作，需要各种专业人才、专业技术和专业物资。但是项目执行组织不可能拥有所需的全部人员、技术和物资，或多或少需要从外部组织采购。因此，采购工作成了整个项目工作的一个重要组成部分。

项目采购是从项目团队外部采购或获得所需产品、服务或成果的一个过程。这个过程包括5个部分，如图8-1所示。

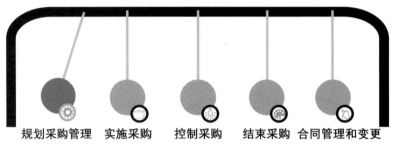

图8-1 项目采购过程的5个部分

（1）规划采购管理

规划采购管理是记录项目采购决策、明确采购方法、识别潜在卖方的过程。

（2）实施采购

实施采购是获取卖方应答、选择卖方并授权合同的过程。

（3）控制采购

控制采购是管理采购关系、监督合同执行情况，并根据需要实施变更和采取纠正措施的过程。

（4）结束采购

结束采购是完结单次项目采购的过程。本过程的主要作用是，把合同和相关文件归档以备将来参考。在多阶段项目中，合同条款可能仅适用于项目的某个特定阶段。这种情况下，结束采购过程就只能结束该项目阶段的采购。采购结束后，未决争议可能需要进入诉讼程序。

（5）合同管理和变更

项目采购管理过程会围绕包括合同在内的协议来进行，合同条款和条件成为了卖方许多管理条件的关键输入，协议是买卖双方之间的法律文件，单项合同的生命周期可在项目生命周期中的任何阶段结束。

综上所述，再来看一下项目采购管理的概念，它是指在项目管理过程的基础上，依靠现有的资源，为实现项目采购目标所采取的一系列管理活动。它是项目管理的重要组成部分，几乎贯穿于整个项目生命周期。

8.1.2 项目采购管理的重要性

随着经济的发展和对项目管理、采购管理认识的不断深入，采购在项目管理中扮演的角色越来越重要。项目采购管理的程度直接影响着项目的成本、项目管理的模式、项目合同类型，以及整个项目管理。如果从项目资金的合理使用角度出发，项目采购管理已经脱离了单纯的服务支持，发展成为了项目管理中新的利润增长点。也是项目控制成本和促进项目效应最大化的关键环节之一，能够帮助降低成本、减少现金流出，提高项目资金的使用效率。

作为整个项目管理的子项目，它是不可或缺的部分，通常来讲有5个方面的重要作用，如图8-2所示。

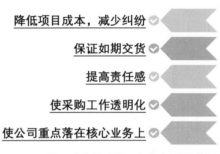

图8-2 项目采购管理的5个方面重要作用

（1）降低项目成本，减少纠纷

能否经济有效地进行采购，直接影响着项目成本，也关系着项目未来的经济收益。周密的采购管理不仅可以购买到合适的货物，降低采购成本，而且还可以在货物制造、交货以及服务提供的过程中最大限度地减少纠纷。

（2）保证如期交货

好的项目采购管理会影响到招标，因为大多数项目采购需要通过招标，在招标文件中会对采购的货物或服务技术规格、交货日期等作出具体规定。这样才能保证项目的实施，实现如期交货、提供良好的服务，使项目按计划实施。

（3）提高责任感

采购管理可以做到让卖方承担一定产品或服务的责任，买方承担付款给卖方的责任，分清责任，实现相互约束，能够提高双方的责任感。

（4）使采购工作透明化

项目采购工作涉及巨额费用的管理和使用，好的采购工作必须在追求经济和效率的同时，实行透明度比较高的公开竞争性招标。而一套不够严密且规范的管理程序，难免会出现贪污、腐败或严重的浪费现象，给项目的实施带来危害。

（5）使公司重点落在核心业务上

很多公司并不是专门负责采购业务的，本应把重点放在市场营销、客户服务以及新产品等核心业务上，却在采购业务上投入了大量的时间和资源。对项目采购进行专人专项管理，让公司腾出时间和精力，重点放在核心业务上。

8.1.3 项目采购的分类和方式

项目采购有很多种分类，按照不同的分类依据分成不同的类型。不同类型的项目采购，意味着需要采用不同的方式去执行。

项目采购的类型具体有3类，如图8-3所示。

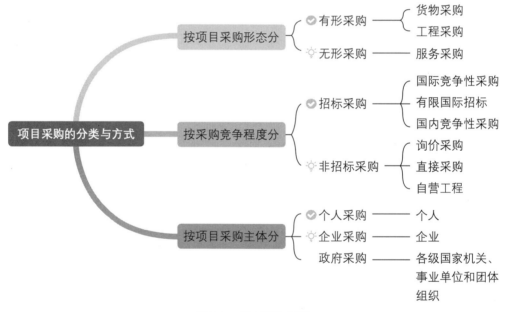

图8-3 项目采购类型

（1）按项目采购形态分

按项目采购形态的不同，可以分为有形采购和无形采购，其中有形采购包括货物采购和工程采购，无形采购包括服务采购。

货物采购是指通过招标或其他方式采购项目建设所需投入物，如机械、设备、建筑材料等，以及与之相关的服务，如运输、维修等；工程采购是指通过招标或其他方式选择工程承包单位，即选定合格的承包商承担项目建设任务，以及与之相关的服务；服务采购是指通过招标或其他方式进行采购服务，包括项目投资前研究、准备性服务、技术培训等。

（2）按采购竞争程度分

按采购竞争程度的不同，可以分为招标采购和非招标采购。招标采购又包括国际竞争性采购、有限国际招标和国内竞争性采购。非招标采购包括询价采购、直接采购、自营工程等。

（3）按项目采购主体分

按项目采购主体的不同，可以分为个人采购、企业采购和政府采购。个人采购是个人为单位发生的采购；企业采购是企业发生的采购；政府采购是各级国家机关、事业单位和团体组织使用财政性资金采购，依法制订集中采购目录以内的或者采购限额以下的货物、工程和服务。

当然，采购作为项目活动的重要组成部分，采购管理的好坏不仅关系到项目成本，还可能会影响项目最终的成败，采购的形式多种多样，项目团队需要定义哪种方式更合适，因为不同的采购方式达到的效果也不一样。

想做好采购管理，不仅要货比三家，也不能太看重价格而忽略了供应商的资质，如果没按要求进行采购活动，就会耽误项目进度并造成不小的损失。所以，采购管理要与质量管理相结合，首先筛选出资质合格的供应商，然后再货比三家，这是采购商业化产品或服务最好的方式，当然，任何采购方式都有相应的优缺点，需要根据具体情况做出选择。

下面是常用的4种招标形式的优劣势对比。

（1）招标采购

优点：适用于采购团队对采购内容的成本、技术信息掌握不完全的情况；目的在于获取成本及技术信息，选择合适的供应商。

缺点：过程虽公开透明，但是流程长、手续多，会造成效率低下；投标方多，招标方耗时长，花费高。

（2）谈判采购

优点：适用于缺少应标方，技术复杂，招标内容需要商讨，缺少时间需紧急采购，还有缺少历史记录无法估算合同总额的情况；其实质为竞价谈判，采购团队直接邀请供应商就采购事宜进行谈判。

缺点：不是自由竞争，易造成供应商哄抬价格；不是公开谈判，易造成合同双方串通牟利。

（3）邀标采购

优点： 适用于采购团队清楚了解项目成本及技术信息，并有多家供应商可供选择的情况。

缺点： 不是自由竞争，初选供应商少、范围窄；不是公开谈判，所选供应商可能不是最优的。

（4）固定采购

优点： 适用于采购团队清楚了解项目成本及技术信息，但只有少数供应商可供选择的情况；其实质是为了确定供应商，建立长久关系，以期双方共赢。

缺点： 不是自由竞争，易造成对供应商的依赖；不是公开谈判，无法控制成本。

需要注意的是，项目采购不同于销售，销售是以挣钱为目的，而项目采购则是以达到项目既定目标为目的。在项目采购活动中，采购人员一定要牢记采购目标和内容，排除外部干扰，以采购到所需要的产品或服务。

8.1.4 与普通采购管理的区别

采购管理是很多企业常常做的一项管理工作，但运用在项目管理中却显得比较特殊，两者存在很大的区别。这就是项目经理需要注意的，在对项目进行采购管理时不能用常规意义上的采购管理思维和方法。项目采购管理与一般企业采购管理的不同之处主要体现在3个方面，如图8-4所示。

职能不同
过程不同
业务流程不同

图8-4 项目采购管理与一般企业采购管理的不同

（1）职能不同

采购是现代物流链中的一个基础环节，它的管理状况关系着整个物流链的进程。因此，一般意义上的采购管理主要职能是实现对整个企业的物资供应，为企业的整个生产经营活动打基础。

项目采购管理则没有如此全面的职能，首要的职能是保障项目的生产经营能够正常进行，满足项目开展所需原材料、零配件、机器设备和工具，以及配套管理需求。

（2）过程不同

一般意义上的采购管理是指对采购整个业务过程，进行组织、实施与控制的管理过程。而项目采购管理包括从项目团队外部采购或获得所需产品、服务或成果的各个过程。

（3）业务流程不同

一般意义上的采购业务流程图是通过采购申请、采购订货、进货检验、收货入库、采购退货、购货发票处理、供应商管理等功能的综合运用，对采购物流和资金流全过程进行有效的控制和跟踪，实现企业完善的物资供应管理信息。

项目采购管理都是围绕合同进行的，在图8-1里的项目采购全过程中，前两个过程是为了签合同，其后两个过程是为了执行和关闭合同，最后一个是对采购合同的管理、变更和控制。

项目采购以合同为媒介，一方按合同规定提供货物或服务，另一方按合同规定支付金钱或其他形式的报酬。

综上所述，项目采购主要是针对某一项目统筹管理，如设定某一时间段、某类产品等；一般生产企业采购均为原材料采购，是长时间、较为稳定的采购工作。

8.2 项目采购计划与流程

8.2.1 项目采购计划的定义和内容

项目采购计划是项目采购管理中最重要的工作，直接影响到整个项目的进度和完成度。具体是指从识别项目需要从外部采购的产品或服务开始，到购买到能够最大限度地满足项目所需的产品或服务为止，而进行的所有采购工作的计划与安排。

一份完整的采购计划需要包括表8-1所列的这些内容。

表8-1　完整的采购计划包括的主要内容

内容要点	解释
项目概况	项目基本情况、成本计划、质量计划、进度计划、变更控制计划
原则	安全、质量、进度、控制原则、交货原则等
内容	指采购所需产品或服务的范围、内容、详细情况，如表8-2所列，通常制作成计划表的形式，如表8-3所列
要求	指采购所需产品或服务的质量控制主要目标、要求和措施
费用	指采购所需产品或服务的费用
流程	指采购所需产品或服务的程序
其他	特殊采购事项的处理方法

表8-2 采购计划模板

某项目年度采购计划
依据项目合同额3亿~3.5亿元、产值2.5亿~3亿元的全年总体目标，针对现在公司规模不断扩大、生产项目多的实际情况，牢固树立"为公司节约每一分钱"的观念，坚持"同等质量比价格，同等价格比质量，最大限度为公司节约成本"的工作原则，现对20××年的采购工作作出如下计划： 1.供应商的选择 　　首先采购部做到多多开发物料资源、调查价格、货比三家、控制价格审核流程，让采购部的工作透明化，并且建立完整的采购部供应商档案及物料申购档案。作为项目合格供应商必须要能做到准时、保质、乐于沟通等几个方面。本人计划完成现有原材料供应商的评定工作，为项目后期的大批量生产做好准备。同时进一步发展新的供应商网络，用以获得最理想的采购价格和品质。 2.账务的清理 　　采购是一份繁琐、复杂的工作。同时也因为其工作性质关系，对项目产品的成本有直接影响。另外，因为相关物资在采购工作的运作过程中不可避免地有退、换、修、废等情况发生，因此必须对每一批物资的采购以及合同执行情况进行台账记录，并且做好跟踪检查，定期盘点。 　　这是本部门的日常工作，目前也一直都在执行着，20××本部门将进一步对本项工作进行完善，努力做到每笔订单的进行情况都可追溯、可核查。 3.品质保证 　　本项目相关人员将经常前往车间了解相关物资的使用状况。对所采物资的使用状态进行跟踪，了解相关参数指标性能，收集数据进行同类产品的对比。每批物资至少做一次使用跟踪并做好相应的评估记录。 4.成本控制 　　本年本项目将在日常工作中进一步提高工作效率。除采购价格等方面的控制外，还将其他方面的成本控制纳入管理优化的范围内，具体包括办公物品的使用、电脑的使用管理、物资运输费的控制等方面。 5.采购效率 　　本年将进一步完善供应商网络的建设以及采购模式的优化，尽可能地减少采购周期，提高采购的效率和及时性。并且对各种物资的采购周期进行统计记录，提供各请购单位制订请购计划时的参考。 6.异常情况的处理 　　因供应商生产能力的不足，或其他原因引发采购异常时，本部门将第一时间知会相关领导并积极应对。同时将对异常情况的发生原因进行分析处理，记录在案；如有必要，将运用法律程序对公司的利益进行维护。 7.部门之间的协调 　　独木不成林，采购部作为一个服务性部门，将谨记自己职责，一切以公司项目为重，与其他部门分工协作、提高生产效率、降低成本，使项目效益最大化，为公司发展提供助力。

表8-3　20××年采购计划表

序号	采购产品	规格	单位	单价/元	采购数量	总金额/元	计划采购日期	剩余/天	是否完成	备注
1	产品1	中	个	3527.00	2	7054.00	2022-04-19	(37)	是	
2	产品2	中	个	2667.00	20	53340.00	2022-04-25	(31)	否	
3	产品3	中	件	2897.00	43	124571.00	2022-04-24	(32)	是	
4	产品4	中	箱	1447.00	39	56433.00	2022-04-27	(29)	否	
5	产品5	中	个	1509.00	18	27162.00	2022-04-28	(28)	是	
6	产品6	大	车	3873.00	48	185904.00	2022-04-26	(30)	否	
7	产品7	中	个	70.00	43	3010.00	2022-04-29	(27)	是	
8	产品8	中	箱	3803.00	2	7606.00	2022-05-01	(25)	否	
9	产品9	大	车	4072.00	47	191384.00	2022-04-29	(27)	是	
10	产品10	大	车	3545.00	18	63810.00	2022-05-01	(25)	否	

8.2.2　项目采购计划的成果

项目采购计划是采购行为的指导和依据，是一系列文件的集合，也叫项目采购计划输出成果，通常包括5个，如图8-5所示。

项目采购总体安排
项目采购作业计划
采购要求说明文件
采购工作文件
采购评价标准

图8-5　项目采购计划的成果

（1）项目采购总体安排

项目采购工作的总体安排包括：确定采购所用的合同类型；确定外取资源的估价办法；项目采购工作责任的确定；项目采购计划文件的标准化；如何管理资源供应商；如何协调采购工作与其他工作。

（2）项目采购作业计划

项目采购计划工作的第二项成果是编制和生成的项目采购作业计划。项目采购作业计划是指根据项目采购计划与各种资源需求信息，通过采用专家判断法和经济期量标准、经济订货量模型等方法和工具，制订出的项目采购工作的具体作业计划。

（3）采购要求说明文件

项目采购计划编制工作的另一个重要成果是编制出了采购要求说明文件。在采购要求说明文件中，应该充分详细地描述采购要求的细节，以便让供应商确认自己是否能够提供这些产品或劳务。

（4）采购工作文件

采购工作文件是项目组织在采购工作过程中所使用的一系列的工作文件。项目组织借助这些采购工作文件向供应商寻求报价和发盘。采购工作文件有不同的类型，它们常用的名称有：投标书、询价书、谈判邀请书、初步意向书等。

（5）采购评价标准

在项目采购计划的制订过程中，项目组织还应为下一步的采购招投标等活动，设计出如何评价供应商的采购评价标准。通常需要使用这些评价标准来给供应商的报价书、发盘或投标书评定等级或打分。

8.2.3 项目采购计划制订步骤

采购经理要懂得如何制订采购流程，只有做好了采购流程计划才能将项目最优化，成本做到最低。编制项目采购计划需要按照图8-6中的步骤进行。

图8-6 编制项目采购计划的步骤

（1）分析

制订采购计划，分析是很重要的，分析包括搜集信息和需求分析，是根据项目的每个阶段或每个月的使用数据，以及搜集到的信息，对需求进行一个总体分析。

①搜集信息。

需要搜集的信息包括：项目的范围信息；项目产出物的信息；项目资源需求信息；市场条件；其他的项目计划；约束条件与假设前提。

②需求分析。

采购需求是指采购人依据项目使用需求与市场供给情况,结合采购计划,比如,需要多少、需要什么样的物料,以及物料价格、规格、物流仓储等,来制订采购清单的过程。需求分析是开展采购工作的第一步,只有做好采购需求的分析,才能促成采购目标的顺利达成。

需求是什么,有何种用途,搞明白这两点,对于采购什么,就已不那么迷茫了,这点很重要,万不可粗心大意,避免因一时冲动,没有长远计划而采购了不需要的原料或多采购或少采购,这些都会造成资源的浪费,花费不必要的人力、物力、财力,所以明确自己需求什么,给自己定位非常重要。

(2) 计划

这个计划就是指采购计划的核心部分。提出需求后,一个好的计划是非常有必要的,对采购能不能成功,有至关重要的影响。需要确定自己需要采购多少原料,所需多少资金,由谁去办理,运输方式,完成时间等。一个好的计划可以提高办事效率,减少支出成本,也就是说想要成功,计划不可少。

(3) 寻找

寻找是指寻找采购渠道和厂商。如何花最少的钱,买到最称心的东西,这就需要寻找优质渠道和厂商,寻找到一个好的渠道和厂商可以给自己的采购计划节约成本。渠道和厂商的供货质量参差不齐,所以找一个好的渠道是很重要的。

(4) 跟踪

跟踪是指订单和物料跟踪。在确定采购渠道和厂商后,个别采购人员就认为采购工作已经完成了。其实还有一个更重要的环节,那就是跟踪,提醒供应商及时备货发货,特别是对某些声誉差、不合作的供应商。

对于一次性或大额采购、设备采购、建筑采购等,为了确保交货日期和质量,采购人员必须监督处理过程,甚至参与处理过程。

可以通过电话了解材料的传入信息。对于重要材料或某些紧急物资,采购人员最好到现场访问供应商。对于长期供应持续稳定的供应商,可以省略合同跟踪环节。

(5) 请款

其他都做得很完美,但若没有资金,问题依旧无法解决,对于采购计划来说,就数资金最重要,一切开销都由资金来支持,所以资金这一环必须要有保障。俗话说,钱不是万能的,但没有钱是万万不行的,尤其对需要大额资金的人来说。

8.3 项目采购合同管理

8.3.1 项目采购合同概述

关于项目采购合同的定义目前尚未进行专门的规定，考虑到它仍属于采购合同的范畴，于是，可以参考采购合同的定义。

(1) 项目采购合同的定义

作为采购合同，是指企业（供方）与分供方，经过谈判协商一致而签订的"供需关系"的法律性文件。合同双方都应遵守和履行，并且是双方联系的共同语言基础。签订合同的双方都有各自的经济目的，采购合同是经济合同，双方受"经济合同法"保护和承担责任。

由此可以推断出，项目采购合同与采购合同的定义有很多相通之处，都是商务性的契约文件，不同的是签订合同的双方主体。

(2) 项目采购的内容

下面就来看看，项目采购合同内容条款包括哪些，具体如下。

①项目双方的全名、法定代表人，以及双方联系方式。

②采购货品的名称、型号和规格，以及数量。

③采购价格和交货期。

④交付方式和交货地点。

⑤质量要求和验收方法，以及不合格品的处理，当另订有质量协议时，则在采购合同中写明见"质量协议"。

⑥违约的责任。

签约一方不履行合同，必将影响另一方经济活动的进行，因此违约方应负物质责任，赔偿对方遭受的损失。在签订合同时，应明确规定，供应者有以下几种情况时应付违约金或赔偿金。

⑦合同的变更和解除条件。

合同中应规定，在什么情况下可变更或解除合同，什么情况下不可变更或解除合同，通过什么手续来变更或解除合同等。采购合同模板如表8-4所列。

表8-4 采购合同模板

采购合同						
供方：_____有限公司							
需方：_____有限公司 签订时间：____年____月____日							

根据《中华人民共和国合同法》及相关规定，经双方协商，特订立本合同，以兹共同遵守：
一、产品规格型号、单位、数量、单价、金额如下：

序号	规格型号	单位	数量	单价/元	金额/元	备注

合计人民币总金额（大写）：_____元整；￥：_____元

以上货物为含增值税（13%）价格；
二、质量标准：产品符合国家同类标准并满足需方要求。产品为内外包装不损坏的原装产品；技术规格：_____；
三、交（提）货时间：合同签订10个自然日内供方将货物送至需方指定地点，供方应及时交货，需方及时收货；
四、交（提）货地点、收货人：供方应将货物送到_____，若需方变更交货地点，应在交货前书面通知供方，需方指定收货人_____，联系电话_____；
五、运输方式及费用负担：汽车　铁路　供方承担　需方承担；
六、货物的验收：货物送到后，双方当场验收，需方应自供方交货之日起3日内书面提出异议，逾期未提出书面异议的，应视为该批货物数量、规格型号都符合合同的规定；
七、付款：需方付供方全部货款后方可交（提）货；
八、争议解决方法：如发生纠纷，双方协商解决，协商不成的依法向当地人民法院诉讼；
九、本合同一式两份，双方各执一份，自双方盖章签订之日起生效，传真件/扫描件电子版与本（原）件具有同等法律效力。

————————————签署页（以下无正文）————————————

供方（章）：	需方（章）：
地址：	地址：
电话：	电话：
开户银行：	开户银行：
账号：	账号：

（3）项目采购合同的类型

①标准采购合同。

标准采购订单通常用于不定期、不频繁或一次性的项目采购。它有完整的采购规范，该规范列出了采购品和服务的价格、数量、付款和交货时间框架。比如，某项目需要一批螺丝钉，这里可以用到标准采购合同，如果一切顺利就是一次性购买，交付良好合同就履行完毕。

②计划采购合同。

与标准采购合同类似，计划采购合同相对更全面。计划采购合同需要采购品和服务及其成本的全部细节。付款和交货日期也包含在计划采购合同中，但这些日期被视为暂定日期。针对计划采购合同发布一个版本，下达单独的订单。

例如，某项目预期需一年完成，在这一年内可能需要100000个螺丝钉。据此，经理可以创建一个计划采购合同，详细说明价格和数量，并给出初步的交货时间表。在使用前10000个后，需求发生了变化，这时可再创建另一个版本，以便对之前的购买合同作出修订。

③一揽子采购合同。

一揽子采购合同，是指项目采购方从特定供应商处，购买特定的产品或服务，但不以任何特定的数量购买。在一揽子采购合同中，价格可能经过确认，也可能没有。这种类型的合同通常用于从供应商那里重复采购一组特定的物品，如基本材料和供应品。

例如上面的例子，由于需要数量不明确，也可以选择使用一揽子采购合同。不需要确认具体的数量，选择这类合同可能是更好的选择。

④合同采购订单。

合同采购订单列出了供应商的详细信息，包括付款、交货条款，未指定采购的产品。这类合同用于在采购方和供应商之间创建供货协议和条款，作为持续商业关系的基础。为了订购产品，采购方在提交标准采购合同时可以参考合同采购订单。

8.3.2 签订合同的原则和程序

（1）签订采购合同的原则

①合同的当事人必须具备法人资格。

这里所指的法人，是有一定的组织机构和独立支配财产，能够独立从事商品流通活动或其他经济活动，享有权利和承担义务，依照法定程序成立的企业。

②合同必须合法。

也就是必须遵照国家的法律、法令、方针和政策签订合同，其内容和手续应符合有关合同管理的具体条例和实施细则的规定。

③签订合同必须坚持平等互利、充分协商的原则。

④签订合同必须坚持等价、有偿的原则。

⑤当事人应当以自己的名义签订经济合同。委托别人代签，必须要有委托证明。

⑥采购合同应当采用书面形式。

（2）签订采购合同的程序

签订合同的程序是指合同当事人对合同的内容进行协商，取得一致意见，并签署书面协议的过程。一般有5个步骤，如图8-7所示。

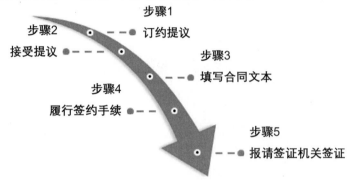

图8-7　签订采购合同的5个步骤

①步骤1：订约提议。

订约提议是指当事人一方向对方提出的订立合同的要求或建议，也称要约。订约提议应提出订立合同所必须具备的主要条款和希望对方答复的期限等，以供对方考虑是否订立合同。提议人在答复期限内不得拒绝承诺，即提议人在答复期限内受自己提议的约束。

②步骤2：接受提议。

接受提议是指提议被对方接受，双方对合同的主要内容表示同意，经过双方签署书面契约，合同即可成立，也叫承诺。

承诺不能附带任何条件，如果附带其他条件，应认为是拒绝要约，而提出新的要约。新的要约提出后，原要约人变成接受新的要约的人，而原承诺人成了新的要约人。实践中签订合同的双方当事人，就合同的内容反复协商的过程，就是要约—新的要约—再要约—直到承诺的过程。

③步骤3：填写合同文本。

④步骤4：履行签约手续。

⑤步骤5：报请签证机关签证。

报请签证机关签证或报请公证机关公证，有的经济合同，法律规定还应获得主管部门的批准或工商行政管理部门的签证。对没有法律规定必须签证的合同，双方可以协商决定是否签证或公证。

8.3.3 项目采购合同的管理

项目采购合同的管理应当做好以下4方面，具体如图8-8所示。

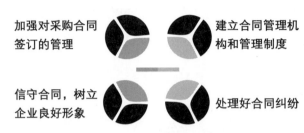

图8-8 项目采购合同的管理

（1）加强对采购合同签订的管理

加强对采购合同签订的管理，一方面是要对签订合同的准备工作加强管理，在签订合同之前，应当认真研究市场需要和货源情况，掌握企业的经营情况、库存情况和合同对方单位的情况，依据企业的购销任务收集各方面的信息，为签订合同、确定合同条款提供信息依据。另一方面是要对签订合同过程加强管理，在签订合同时，要按照有关的合同法规规定的要求，严格审查，使签订的合同合理合法。

（2）建立合同管理机构和管理制度

建立合同管理机构和管理制度以保证合同的履行企业应当设置专门机构或专职人员，建立合同登记、汇报检查制度，以统一保管合同、统一监督和检查合同的执行情况，及时发现问题、采取措施、处理违约、提出索赔、解决纠纷、保证合同的履行。同时，可以加强与合同对方的联系，密切双方的协作，以利于合同的实现。

（3）信守合同，树立企业良好形象

合同履行的情况好坏，不仅关系到企业经营活动的顺利进行，而且也关系到企业的声誉和形象。因此，加强合同管理，有利于树立良好的企业形象。

（4）处理好合同纠纷

当企业的经济合同发生纠纷时，双方当事人可协商解决。协商不成时，企业可以向国家工商行政管理部门申请调解或仲裁，也可以直接向法院起诉。

第 9 章
风险管理：
决战项目需要"风险防治"

在项目实施过程中，总会出现某种影响项目正常开展或对项目造成直接损失的风险。这些风险有客观原因造成的，也有人为原因造成的，总之这也是一种非常普遍的现象，而且不可避免。作为项目经理必须具有风险意识，并认真做调研，认真分析实际情况，提前做好预防和应对方案。

9.1 项目风险管理概述

9.1.1 项目风险的定义和特征

项目风险是指可能导致项目损失的不确定性,项目管理大师马克思·怀德曼将其定义为某一事件的发生,给项目目标带来不利影响的可能性。

项目风险通常有6个特征,如图9-1所示。

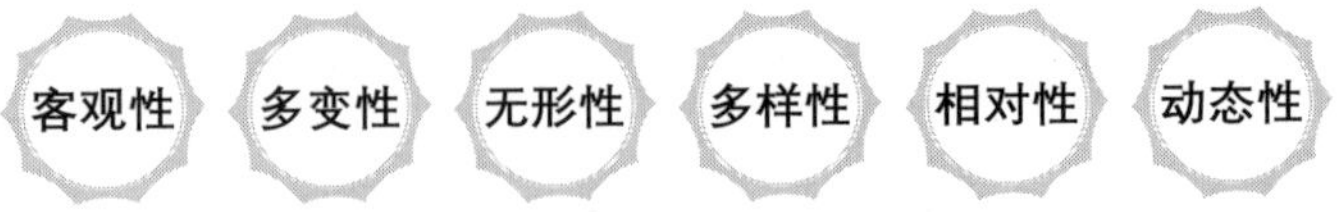

客观性　多变性　无形性　多样性　相对性　动态性

图9-1 项目风险的6个特征

(1)客观性

任何项目都会存在风险,而且这些风险极具普遍性,是客观存在的,不以人的意志而发生转移。在项目全生命周期内风险无处不在、无时不有。因此,对于项目管理者而言,要做的只能是努力降低风险发生的概率,减少风险造成的损失,而不能从根本上完全消除风险。

(2)多变性

项目中的风险有很多,而且它不是一成不变的,具有多变性。换句话说就是,随着项目的进程,在外在或内在因素的影响下,风险的性质、破坏程度等都可能会出现变化。

(3)无形性

项目风险是无形的,不像有形的物质,可以精确地描绘出其形状、颜色、大小。这无疑也增加了风险识别和分析的难度,需要借用系统理论、概率等相关方法来进行推断,一般是从定性和定量两个维度进行。

(4)多样性

风险的多样性是指一个项目中可能出现多种风险,如人为风险、技术风险、经济风险等,特别是大型项目,规模大、复杂程度高,多样性特征愈发明显。

(5)相对性

项目的风险具有相对性,由于项目干系人的目标不同,因此,他们对风险的影响,风险承受力和风险应对策略都是不同的。这种特征体现在两个方面。

第一,风险自身处于不断变化着的状态。风险本身和其他事物也是矛盾的统一体,当条件发生变化时,风险也会发生相应的变化,并且随着科学技术不断发展,一些风险是可以较为准确地被预测和估计的。

第二,与干系人的承受能力有关。人对风险有一定的承受能力,这种能力因活动、人和时间不同而有所不同,一般来说,风险承受能力受收益的大小、投入的大小、拥有财富状况等因素的影响。

(6)动态性

风险动态性特征体现在3个层面,具体如表9-1所列。

表9-1 风险动态性的体现

特征	体现
渐进性	项目的大部分风险不是突然爆发的,是随环境、条件和自身固有的规律逐渐发展形成的。随着项目的推进,整个过程中各种风险的大小和性质会逐步发生变化
阶段性	项目风险的发展可分为潜在风险阶段、风险发生阶段和造成后果阶段。这一特征为开展项目风险管理提供了前提条件
突变性	在项目的内部条件或外部条件发生突变时,项目风险的性质和后果会随之发生突变

9.1.2 项目风险的类别

项目风险的类别与风险本身及划分依据有关。不同的项目,风险也不尽相同,不同阶段的风险,也有不同的表现。从不同需要、不同角度、不同划分依据出发,风险通常有6种划分方式,如图9-2所示。

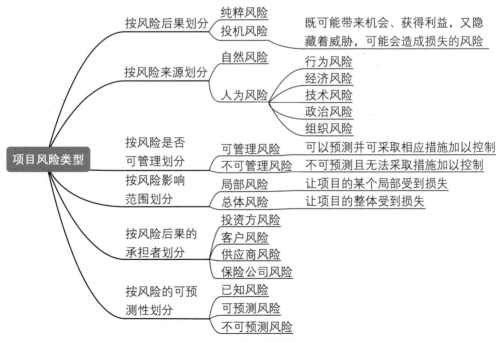

图9-2 项目风险的类型

（1）按风险后果划分

①纯粹风险。

纯粹风险是指不能带来机会、无获得利益可能的风险。通常纯粹风险结果有两种：造成损失和不造成损失。纯粹风险所带来的损失是绝对的损失，不仅是活动主体受损失，社会也可能受损失。

②投机风险。

投机风险是既可能带来机会、获得利益，又隐藏着威胁，可能会造成损失的风险。投机风险可能有三种后果：造成损失、不造成损失和获得利益。如果造成损失，活动主体会受到损失的影响，但社会不一定会跟着受损失。

（2）按风险来源划分

按项目风险来源或损失产生的原因，可分为自然风险和人为风险。

①自然风险。

由于自然力的作用，造成财产损失的这类风险属于自然风险。

②人为风险。

人为风险是指由于人的活动而带来的风险，人为风险又可以细分为行为、经济、技术、政治和组织风险等，具体内容如表9-2所列。

表9-2　人为风险的类型

类型	内容
行为风险	是指由于个人或组织的过失、恶意、侥幸等不当行为造成财产损失
经济风险	是指在从事经济活动过程中，由于经营管理不善、市场预测失误、价格波动、供求关系发生变化等所导致经济损失的风险
技术风险	是指伴随着技术的发展而来的风险，如核辐射
政治风险	是指由于政局变化、政权更迭等引起社会动荡造成的损失
组织风险	是指由于项目有关各方关系不协调以及其他不确定性而引起的风险

（3）按风险是否可管理划分

按项目风险是否可管理划分，可分为可管理风险和不可管理风险。可管理风险是指这类风险可以预测，并可采取相应的措施对风险加以控制；反之，不可管理风险是指这类风险的发生不可预测，也没有相应的措施来应对的风险。

（4）按风险影响范围划分

风险按其出现后影响的范围来划分，可以分为局部风险和总体风险。局部风险是指风险只会让项目的某个局部受到损失，如果是总体风险就会对整个项目带来损失。当然局部风险和总体风险是相对的。

（5）按风险后果的承担者划分

按项目风险后果的承担者的角色来划分，可以划分为投资方风险、客户风险、供应商风险、担保人风险和保险公司风险等。

（6）按风险的可预测性划分

按风险的可预测性划分，通常可以划分为已知风险、可预测风险和不可预测风险，具体如表9-3所列。

表9-3 可预测性风险的类型

类型	内容
已知风险	是指在现有认知前提下，经过严密的分析，可以确定会出现的风险，并且当这个风险出现后，结果是可以预测的，已知风险发生的概率一般比较高，但后果都比较轻微
可预测风险	是指可以预见其会发生，但这类风险不能完全确定其严重程度
不可预测风险	限于目前的经验和能力，无法很好地预测这类风险对项目造成的后果，即未来可能发生，但不一定发生的风险

9.1.3 项目风险管理的重要性

项目风险管理是项目管理者对项目中的风险进行识别和分析，并采取应对措施的一项管理活动，目的是将积极因素所产生的影响最大化和消极因素产生的影响最小化。

成功的项目风险管理是一门艺术、一门科学，关系着整个项目目标的成败，非常重要。其重要性体现在两个方面。

（1）有助于确定项目范围以及最优项目

科学合理的项目风险管理，有助于确定项目范围，选择出最优的项目。这是因为项目风险管理可以综合评价可供选择的项目集合所具有的风险特征，比如，对于项目风险特征的聚类分析，使项目管理者在不同的临界值范围内选择项目群体；对于项目风险收入的有效性评价，使项目管理者可以有意识地去选择项目投入/产出效率较高的项目等。

除此之外，项目风险管理还可以从风险的周期性、规律性、预控性等多个角度，对项目风险识别机制、分散机制、分摊机制、转移机制等进行更深入的分析，从而引导项目管理者选择出最优项目。

（2）有助于改进已选项目的效益与效率

项目风险管理是一个动态反复、适时修正、持续改进的过程。当风险出现时，项目风险管理能够不断跟踪风险影响项目运行的轨迹，通过风险识别策略、风险分散策略、风险分摊策略、风险转移策略等有效手段进行纠偏，具体如图9-3所示。

- ✓ **风险识别策略**
  对风险征兆或信号进行有效识别，防患于未然
- ✓ **风险分散策略**
  对多个风险项目进行协调控制，充分利用项目间的协同效应
- ✓ **风险分摊策略**
  通过资源共享、要素互补等方式有效分摊风险
- ✓ **风险转移策略**
  通过转让、出售等方式退出项目运作以转移风险

图9-3　项目风险管理对项目的纠偏手段

项目风险管理在改进已选项目上发挥着重要作用，同时，也是对成本损失或不确定性的降低，等于提高了项目运行的效率与效益。

9.1.4　项目风险管理的内容

项目风险管理是指通过风险识别、风险分析和风险评价去认识项目的风险，并以此为基础合理地采取各种风险应对措施、管理方法技术和手段，对项目的风险实行有效的控制，妥善处理风险事件造成的不利后果，以最少的成本保证项目总体目标实现的管理工作。

由上可以看出项目风险管理的内容具体包括4个部分，如图9-4所示。

① **风险识别**：即确认有可能会影响项目进展的风险，并记录每个风险所具有的特点。

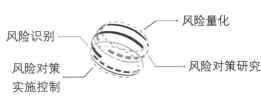

图9-4　项目风险管理的内容

② **风险量化**：即评估风险和风险之间的相互作用，以便评定项目可能产出结果的范围。

③ **风险对策实施控制**：即对项目进程中风险所产生的变化作出反应。

④风险对策研究：即确定对机会进行选择及对危险作出应对的步骤。

由此可以总结出项目风险管理的定义，它具体是指通过对项目存在风险的识别、分析去评估项目风险对项目的影响。并以此为基础，合理地采取各种应对措施、管理方法技术和手段，对项目的风险实行有效的控制。最终妥善地处理风险事件造成的不利后果，以最少的成本保证项目总体目标实现的管理工作。

需要注意的是，以上4个部分的内容都是基于项目本身需要而存在的，并且相互作用、互相影响，在每个项目阶段某一个或几个内容会至少出现一次。

9.1.5 项目风险管理的原则

项目风险贯穿于整个项目实施的全过程，对于项目的进程、效率、效益、目标实现影响时时刻刻存在。同时，项目管理活动也是体现在项目进行的全过程中的，所以项目风险管理的原则总体上看，就一个"全"字，具体包括3个原则，如图9-5所示。

图9-5 项目风险管理的3个原则

（1）全过程管理

项目风险管理既不是发生在项目前，也不是项目中，更不是项目完成后，它是一种全过程管理。在项目实施前、中、后不同阶段，都有各自的任务，具体如表9-4所列。

表9-4 项目风险管理在项目实施前、中、后的任务

实施阶段	具体任务
项目实施前	对影响项目的不确定因素进行罗列与事先判断，以及制订建立在此基础上的硬性的、条条框框的项目风险管理对策
项目实施中	制订当项目风险发生时的危机管理以及应变对策
项目实施后	制订项目风险发生后的补救方案设计，撰写事后经验总结报告

项目风险的全过程管理，要求项目风险管理者审时度势、高瞻远瞩，通过有效的风险识别，实现对项目风险的预警预控；要求项目管理者能够临危不乱、坦然面对，通过有效的风险管理工具或风险处理方法，对于项目运行过程中产生的风险进行分散、分摊或分割；要求项目风险管理者能够在项目风险发生后，采取有效的应对措施并能够总结经验教训；对项目风险管理工作进行改进。

（2）全员管理

项目风险的全员管理并不仅仅是对于项目运行全部参与方或参与人员的管理，还要要求所有的人员均能够参与项目风险的管理。项目风险管理绝对不仅仅是项目风险管理职能部门的事情。项目管理风险不仅包括对政治、经济、社会、文化、制度等外部环境中的不确定性因素的管理，还包括项目自身在其计划、组织、协调等过程中所产生的不确定因素的管理。

对于后者而言，人为的主观影响成分较大。项目风险管理既是对项目全部参与方（人员）的管理，同时也是全员共同参与对项目风险的管理。

（3）全要素集成管理

从项目风险管理所追求的现实目标或项目风险管理所需解决的根本问题看，其主要涉及项目工期、造价以及质量三方面的问题。可见，项目风险管理的过程是一个在可能的条件下追求项目工期最短、造价最低、质量最优的多目标决策过程，且项目风险管理不能仅满足于对单一目标的追求。

这是由于项目的工期、造价与质量是三个直接关联和相互作用的相关要素。项目工期的提前或滞后将直接影响造价的高低，项目质量的优劣与项目工程造价直接相关，同样项目的工期与质量的波动受造价因素的影响。由此不难得出，项目风险管理是对工期、造价以及质量的全要素集成管理。

9.2 项目风险识别与评估

9.2.1 项目风险识别方法和要点

做项目的过程是一个不断决策与做选择的过程，在这个过程中，往往伴随着许多风险。因此，用合适的方法进行风险识别至关重要。如表9-5中所列就是常用的8种风险识别方法。

表9-5 项目风险识别常用的8种方法

方法	形式	要点
头脑风暴法	团队全体成员以会议形式轮流提出主张和想法	①会议气氛要融洽与热情； ②不对他人的发言作任何评价和回应

续表

方法	形式	要点
德尔菲法	由项目风险组选定相关专家，采用匿名函询的方式收集专家意见，综合整理后再匿名反馈给各位专家，再次征询意见。如此反复，直至专家意见趋于一致	①提供给专家的信息要尽可能充分；②挑选的专家应该具有权威性、代表性；③保持匿名，确保专家独立地给出意见
情景分析法	根据发展趋势的多样性，通过对系统内外相关问题的系统分析，设计出多种可能的未来前景，然后用类似于撰写电影剧本的手法，对系统发展态势作出自始至终的情景和画面的描述	明确影响主体的影响因素；分析过程中可采用PEST分析法，PEST示意图如图9-6所示。使用PEST分析需掌握大量的、充分的相关研究资料，并且对所分析的企业有着深刻的认识
核对表法	对照已有的核对表对本项目的潜在风险进行联想	核对表内容要全面，具体内容如表9-6所列
流程图法	建立一个项目总流程图与各分流程图，分析各环节的潜在风险，及行进过程中可以随时对照的项目进度	可采用WBS法（work breakdown structure）
财务报表法	通过分析资产负债表、营业报表及财务记录等识别企业或项目当前的所有财产、责任和人身损失风险	使用这种方法的前提是，需要掌握丰富的财务相关知识
SWOT分析法	SWOT分析是一种系统分析工具，通过识别项目的优势、劣势、机会以及成本，从多角度对项目风险进行定性识别	SWOT分析示意图如图9-7所示
事故树分析法	在可靠性工程中常常利用事故树进行系统的风险分析。此法不仅能识别出导致事故发生的风险因素，还能计算出风险事故发生的概率	事故树分析法示意图如图9-8所示

（1）PEST分析法示意图

如图9-6所示。

PEST由4个英文单词首字母组成，P代表政治（politics），E代表经济（economy），S代表社会（society），T代表技术（technology）。在分析一个企业所处的背景的时候，通常是通过这四个因素来分析企业所面临的状况。

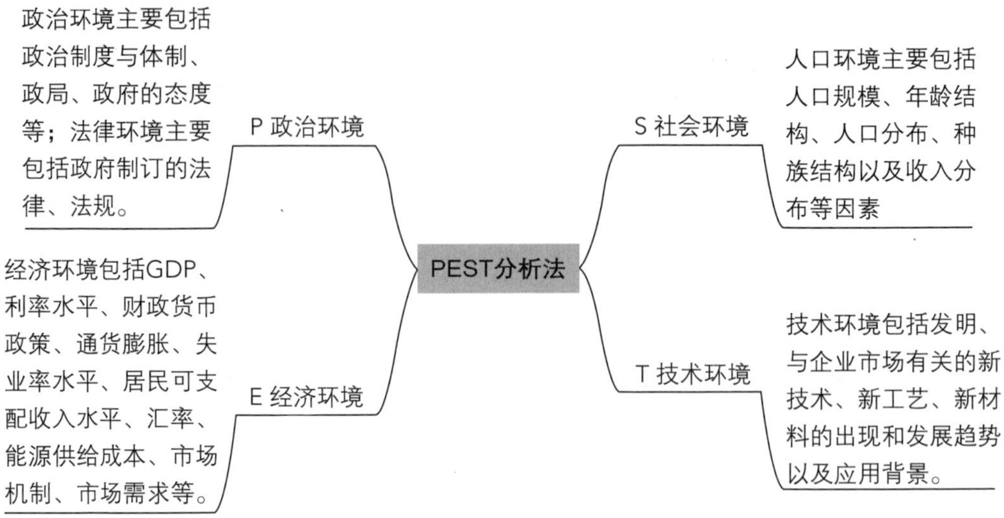

图9-6 PEST分析法示意图

PEST分析法

- **P 政治环境**：政治环境主要包括政治制度与体制、政局、政府的态度等；法律环境主要包括政府制订的法律、法规。
- **E 经济环境**：经济环境包括GDP、利率水平、财政货币政策、通货膨胀、失业率水平、居民可支配收入水平、汇率、能源供给成本、市场机制、市场需求等。
- **S 社会环境**：人口环境主要包括人口规模、年龄结构、人口分布、种族结构以及收入分布等因素。
- **T 技术环境**：技术环境包括发明、与企业市场有关的新技术、新工艺、新材料的出现和发展趋势以及应用背景。

（2）核对表法

内容如表9-6所列。

表9-6 核对表法的内容

序号	内容
1	以前项目成功或失败的原因
2	项目范围、成本、质量、进度
3	项目采购与合同、人力资源与沟通等情况
4	项目产品或服务说明书
5	项目管理成员技能
6	项目可用资源等

（3）SWOT分析示意图

如图9-7所示。

外部优势\内部优势	优势S 列出优势	劣势W 列出劣势
机会O 列出机会	SO战略 发挥优势 利用机会	WO战略 规避劣势 利用机会
威胁T 列出威胁	ST战略 利用优势 回避威胁	WT战略 减少劣势 回避威胁

图9-7 SWOT分析示意图

（4）事故树分析法示意图

如图9-8所示。

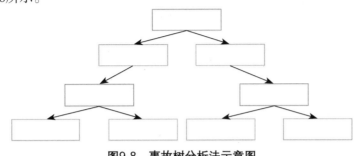

图9-8　事故树分析法示意图

举个例子，分析某项目中的箱体爆炸原因和风险，如图9-9所示。

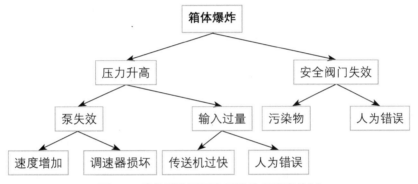

图9-9　箱体爆炸原因和风险分析的事故树

9.2.2　项目风险评估方法和要点

项目风险评估是在风险识别的基础上，通过建立风险的系统模型，对项目所有风险要素充分、系统而又有条理地进行考虑，对项目风险进行综合评价，从而找到该项目的关键风险，确定项目的整体风险水平的风险管理活动。

项目风险评估为风险的处置和控制提供了充足的科学依据，保障了项目的顺利进行。那么，如何对这些风险进行评估呢？一般有定性和定量两种方法，具体内容如图9-10所示。

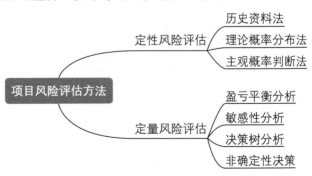

图9-10　项目风险评估方法

（1）定性风险评估

①历史资料法。

在项目情况基本相同的条件下，通过观察各个潜在的风险在长时期内已经发生的次数，就能估计每一可能事件发生的概率。掌握这种方法的要点是，必须基于每一事件过去已经发生的频率。

②理论概率分布法。

当项目管理者没有足够的历史信息和资料，来确定项目风险事件的概率时，可根据理论上的某些概率分布来补充或修正，从而建立风险的概率分布图，这就是理论概率分布的概念。

最常用的风险概率分布是正态分布，正态分布可以描述许多风险的概率分布，如交通事故、财产损失、加工制造的偏差等。除此之外，在风险评估中常用的理论概率分布还有离散分布、等概率分布、阶梯形分布、三角形分布和对数正态分布等。

③主观概率判断法。

由于项目的一次性和独特性，不同项目的风险往往存在差别。因此，项目管理者很多时候需要根据自己的经验，去判断项目风险事件发生的概率或概率分布，这样得到的项目风险概率被称为主观概率。这种方法的要点是，判断主观概率的大小，需要根据长期积累的经验、对项目活动及其有关风险事件的了解而估计。

风险事故造成的损失大小要从三个方面来衡量：风险损失的性质、风险损失范围的大小和风险损失的时间分布。

（2）定量风险评估

定量风险评估包括盈亏平衡分析、敏感性分析、决策树分析和非确定性决策分析。

①盈亏平衡分析。

盈亏平衡分析是通过盈亏平衡点分析项目风险成本与收益的平衡关系的一种方法。各种不确定因素的变化会影响项目的实施效果，当这些因素的变化达到某一临界值时，就会影响到风险的大小。盈亏平衡分析的目的就是找出这种临界值，即盈亏平衡点，判断风险对不确定因素变化的承受能力，为决策提供依据。

②敏感性分析。

敏感性分析是指找出影响项目经济效益变动的敏感性因素，并分析、测算敏感性因素变动的原因，对项目的影响程度和敏感性程度，进而判断项目承受风险能力的一种不确定性分析方法。

③决策树分析。

决策树分析是一种运用概率的方法对决策中的不同方案进行比较，从而获得最优方案的风险型决策方法。经过对多种方案在各种结果条件下损益值的对比，找出最优方案，为决策者提供决策依据。

④非确定性决策分析。

非确定性决策是与"确定性决策"相对的概念，也叫"风险型决策"，即考虑不确定性因素在内的决策。

一个项目中各种风险影响因素，事实上是很难完全确定的。以建设项目为例，涉及的时间可能长达几年、十多年，甚至更长时间，即使建成投产后也必然会受到各种不确定因素的影响，使项目带有一定程度的"风险"或"不确定性"，从而使预计发生数与方案执行过程中的实际发生数产生差异，这种风险通常称为"经营风险"。而这种带有某种风险的决策即"非确定性决策"。

项目风险评估最重要的结果就是量化了的项目风险清单。该清单综合考虑了项目风险发生的概率、风险后果的影响程度等因素，因此，项目管理者可依此对项目风险进行排序，从而确定采取什么样的风险应对措施，以及控制措施应实施到什么程度。

项目风险清单包括的内容如图9-11所示。

其中项目风险通常可以分为4个等级，分别为灾难级、严重级、轻微级、忽略级。

a.灾难级：这类等级的风险必须立即予以排除。

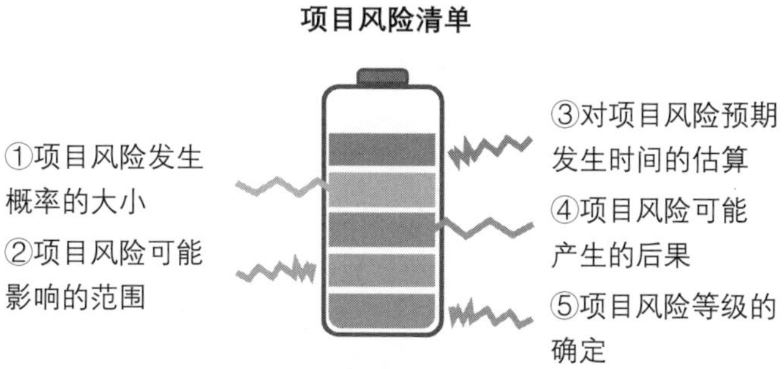

b.严重级：这类风险会造成项目偏离目标，需要立即采取控制措施。

图9-11 项目风险清单包括的内容

c.轻微级：暂时不会对项目产生危害，但也要考虑采取应对措施。

d.忽略级：这类风险可以忽略，不采取控制措施。

在项目管理实践中，将专家和项目管理人员的估计与数据相结合，定性或定量地分析，成为项目风险评估中运用较多的方法。具体应该采用何种方法，取决于项目风险的来源、发生的概率、风险的影响程度和管理者对风险的态度。

9.3 项目风险的控制措施

项目风险识别与评估的最终目的是帮助项目经理详细了解项目所遇到的风险，以判断采用什么样的方式控制，以避免遭受更大的损失。

项目风险控制的措施包括如图9-12所示的四种。

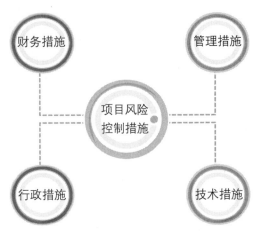

图9-12 项目风险控制的四种措施

9.3.1 财务措施

（1）调整现金流量法

调整现金流量法又叫确定当量法，是指先用一个肯定当量系数（a_t）把有风险的现金收支调整为无风险的现金收支；然后用无风险的贴现率去计算净现值，以便用净现值法的规则判断投资项目的可取程度。

使用这种方法首先需要了解一下确定当量系数的含义念（a_t）以及与现金流量风险程度。

①含义：确定当量系数是指不肯定的一元现金流量期望值，相当于使投资者满意的肯定的金额的系数，在0～1之间。可以把各年不肯定的现金流量换算成肯定的现金流量。

②与现金流量风险程度（反向变动关系）：

风险程度越大，当量系数越小。

计算公式为：

$$NPV = \sum_{t=0}^{n} \frac{a_t \times CF_t}{(1+r_F)^t} - I_0$$

（其中r_F指无风险利率）

③优缺点。

优点：可以根据各年不同的风险程度，分别采用不同的肯定当量系数。

缺点：如何合理确定当量系数是个难题。

（2）风险调整折现率法

风险调整折现率法是财务决策中的一大利器，为项目风险控制提供了有力的支持。

具体来讲，是根据风险的大小来调整贴现率的方法。例如，在评估一个新兴的科技项目时，由于技术的不确定性、市场的变化等因素，其风险往往较高。此时，可以根据项目的具体情况，适当提高风险调整折现率，以更准确地反映项目的真实风险。投资该项目的企业也可以根据这些信息来制订更加灵活的财务策略，以应对可能出现的各种风险。

风险调整折现率法的计算公式为：

$$NPV = \sum_{t-1}^{n} \frac{CF_t}{(1+RADR_s)^t} - I_0$$

（其中$RADR_s$指风险调整后的折现率）

风险调整折现折率法的关键在于根据风险的大小确定必要回报率。优点是比较符合逻辑，因而广泛使用；在竞争的市场环境中，每种项目效益在将来不同的经济状态下会发生变化，该方法能够通过调整项目在不同经济状态下的现金流贴现率，及时反映并规避市场风险。

9.3.2 管理措施

项目风险控制的管理措施主要包括以下四方面。

（1）风险规避

在某些情况下，项目团队会选择避免涉及高风险的活动。当风险发生时，将采取应急措施以将潜在损失控制在最低或可接受的范围内。实施风险控制需基于合理的假设和成本效益分析。

例如，在投资项目中，若某一市场或地区存在高度不确定性，投资者可能会选择避免在该地区进行投资。尽管此举可能限制项目的范围或目标，并可能减少高额回报的机会，但在某些情况下是必要的。若不规避风险，可能需要采用高成本的技术方案来应对，实质上都是对风险成本的投入。

有效的项目风险控制不仅依赖于技术方法，还需决策者具备丰富的经验、前期积累以及足够的财务支持。

（2）风险转移

风险转移是一种常用的风险管理策略，旨在通过将项目风险转移给具备专业风险处理能力的机构或个人，实现风险的市场化运作和合理分配。

在实际操作中，风险转移的方法多种多样，其中最常见的包括签订合同和购买保险。合同中的条款可以明确双方的责任和权利，确保在风险发生时责任能够明确转移至具备相应处理能力的合作伙伴。购买保险则是一种更为广泛的风险转移方式,通过保险公司来承担项目中的潜在风险损失。

然而,风险转移并非无代价。在转移风险的同时,项目方通常需要支付一定的费用,如保险费、合同中的风险溢价等。尽管这些费用增加了项目成本,但相较于风险带来的潜在损失,通常是一种更为经济的选择。

值得注意的是,风险转移并非万能的解决方案。在项目管理中,单纯依赖风险转移不足以应对所有风险。因为某些风险可能无法准确预测和评估,或无法通过合同或保险转移。因此,在采用风险转移策略时,项目方还需结合其他风险管理策略,如风险控制、风险自留等,以全面应对项目中的风险。

(3) 风险自留

在项目管理中,风险自留被视为一种高效的风险处理策略。它指的是企业或个人在面对潜在风险时,选择主动承担其可能带来的损失,而非通过转移或其他方式将风险转嫁出去。这一策略在特定情境下具有独特的优势和适用性。

在决定采用风险自留策略前,必须明确这并非随意选择。事实上,选择风险自留的决策者通常是经过深思熟虑和精确计算后,才决定不将风险转嫁给外部机构的。他们相信,在某些情况下,自行承担风险所带来的长期收益将超过短期的潜在损失。

风险自留的适用场景多样。例如,大型企业可能拥有充足的资源和实力来应对市场波动或自然灾害带来的短期损失。对于他们来说,投资某个项目可能并非最经济的选择,但通过内部风险管理机制可以更好地控制风险,并在风险发生时迅速作出反应以实现收益最大化。

此外,对于创新型企业和个人来说,风险自留也是一种鼓励创新和探索未知领域的手段。在这些情况下,新的想法和项目往往伴随着巨大的不确定性。过度依赖转移机制可能限制创新能力和探索精神。因此,这类企业更愿意选择风险自留以激发自身的创造力和应对挑战的勇气。

然而,风险自留并非无风险。决策者必须对自己的决策有充分的认识和准备,确保在风险发生时能够迅速作出反应并承担相应的损失。同时,他们还需密切关注外部环境的变化,以便及时调整风险管理策略并避免更大的损失。

总之,风险自留是一种具有挑战性和机遇性的风险管理策略。在决定是否采用此策略时,决策者需综合考虑自身的资源、实力、创新能力和风险承受能力等因素,并作出明智的决策。

(4) 风险缓解

风险缓解是常见的风险应对策略之一,旨在通过采取措施降低风险发生的概率或减轻其潜在影响。

例如，在软件开发项目中，如果识别出技术难题可能导致项目延期，项目团队可能会选择引入外部专家或增加开发资源来缓解这一风险。

例如，在市场推广活动中，如果遭遇竞争对手的突然反击，团队可能需要迅速调整宣传策略，增加广告的投放量，或者通过社交媒体平台加强与目标受众的互动，以此来缓解竞争带来的压力。

团队可能需要迅速调整宣传策略、增加广告投放量或通过社交媒体平台加强与目标受众的互动来减轻风险的影响。这些措施旨在降低风险的实际发生概率或减轻其潜在影响，以确保项目的顺利进行和目标的实现。

9.3.3 行政措施

在项目管理中，风险控制是至关重要的环节，它直接关系到项目的成功与否。除了之前提到的财务措施和管理措施外，行政措施在项目风险控制中也扮演着不可或缺的角色。

行政措施在项目风险控制中的应用，主要体现在以下几个方面。

（1）建立健全的项目管理制度

项目管理制度是行政措施的基础，通过制定详细的项目管理流程、责任分配和奖惩机制，可以确保项目团队成员明确自己的职责，并按照既定的流程和标准进行操作。这不仅可以降低人为因素对项目造成的风险，还可以提高项目管理的效率和质量。

（2）加强项目监控和评估

加强项目监控和评估是行政措施的重要手段之一。通过对项目进度、成本、质量等关键指标进行实时监控和定期评估，可以及时发现项目中存在的问题和风险，并采取相应的措施进行解决。同时，这也可以为项目管理者提供决策支持，帮助他们更好地把握项目的整体情况和未来发展趋势。

（3）加强项目沟通和协调

项目管理者应该建立有效的沟通机制，确保项目团队成员之间的信息畅通和协同工作。通过定期召开项目会议、分享项目进展和存在的问题，可以促进团队成员之间的交流和合作，共同应对项目中的风险和挑战。

此外，行政措施还包括对项目资源的合理配置和管理。项目管理者应该根据项目需求和团队成员的实际情况，合理分配项目资源，确保项目能够顺利进行。同时，他们还应该对项目资源的使用情况进行跟踪和管理，避免资源的浪费和滥用。

行政措施在项目风险控制中发挥着重要的作用。通过建立健全的项目管理制度、加强项目监控和评估、加强项目沟通和协调以及合理配置和管理项目资源等措施，可以有效地降低项目风险，提高项目的成功率和质量。

因此，在项目管理中，项目经理应该充分重视行政措施的应用，并将其与技术手段相结合，共同推动项目的顺利进行。

9.3.4 技术措施

在项目管理领域，技术的运用日臻成熟，其在控制项目风险方面的应用亦愈发关键。这些技术手段不仅涉及多个层面，而且旨在精准减少或消除项目面临的风险，确保项目目标、范围及时间表的顺利达成。

首先，技术监控与评估作为项目风险控制的核心手段之一，通过实时跟踪项目的进展与状态，能够迅速识别潜在风险与问题。同时，借助专业的评估工具与方法，对项目风险进行量化分析，准确把握风险性质与程度，为制订有效的风险控制策略提供坚实支撑。

其次，技术优化与改进亦在项目风险控制中扮演重要角色。面对项目执行过程中可能出现的各种技术难题与挑战，通过不断优化与改进技术方案，能够显著降低技术风险，提升项目成功率与效率。例如，引入先进的技术工具与方法，提高项目自动化水平，减少人为失误；加强项目团队技能培训，提升成员技术能力与专业素养。

此外，技术储备与备份在项目风险控制中同样不可或缺。面对关键技术环节与数据资源可能面临的丢失或损坏风险，建立完善的技术储备与备份机制能够确保项目在遭遇意外时迅速恢复，减少损失。例如，定期备份项目数据与文档，保障数据安全与完整；建立技术知识库与案例库，为项目团队提供丰富的技术资源与经验支持。

最后，技术合作与交流在项目风险控制中亦具有重要地位。在项目管理过程中，与其他团队或组织进行技术合作与交流，能够共同应对技术风险与挑战，提高项目整体技术水平与质量。例如，与高校、研究机构等合作开展技术研发与创新；与同行业企业进行技术交流与合作，分享技术成果与经验。

综上所述，项目风险控制的技术手段涵盖了技术监控与评估、技术优化与改进、技术储备与备份以及技术合作与交流等多个方面。这些手段相互关联、相互支持，共同构建了一个完整的项目风险控制体系。在实际项目管理中，应根据项目特点与实际情况，综合运用这些技术手段，以有效降低项目风险，确保项目的顺利推进与成功实施。

第10章
评估复盘：
项目交付并不等于工作的结束

有很多项目新人，错误地认为项目完成交付代表工作的结束，如果客户十分满意，更是万事大吉。其实这是远远不够的，对于一线执行人员来讲勉强可以算是完成了，但对项目经理而言，只是一个短阶段的结束，需要做的工作还有很多，那就是评估和复盘。

10.1 项目评估

10.1.1 项目评估的概念、作用

项目评估贯穿于项目的始终，分为实施前评估和实施后评估两个阶段。其中，实施后评估容易被忽视，一些项目经理往往只关注项目目标的完成情况，而忽视了对项目的深入研究。然而，随着项目精细化管理要求的提升，项目实施后评估逐渐受到重视。它不仅能帮助我们进行绩效考核，还能检验项目设计的合理性，并发现项目的持续发展能力。本小节所讲述的项目评估为实施后评估。

项目评估作为项目实施的最后一环，侧重于对项目成果的展示、经验总结等方面，因为项目的结束并不意味着工作的终止，而是需要对其执行效果进行全面的评估，其重要性不容忽视。

项目评估的作用主要体现在以下四个方面。

①通过对项目实践的全面检查和总结，我们可以确定项目是否达到了预期目标，是否合理有效，以及主要绩效指标是否实现。

②项目评估能通过分析和评价，找出项目成功或失败的原因，为组织的项目实践积累宝贵的经验。

③项目评估能提供及时的信息反馈，为未来新项目或项目的可持续发展提供决策、设计和项目管理方面的指导。

④通过项目评估，我们可以让资助者和社会公众更好地了解组织的项目活动，从而增强组织的公信力。

10.1.2 项目评估的内容

项目评估是一个科学、规范的过程，旨在对已完成的项目进行全面的评价和考核。其主要考察指标包括如图10-1所示的4项。

（1）项目目标达成情况

项目目标的达成情况是项目评估的一个重要指标，它主要考察项目是否按照预定的目标和计

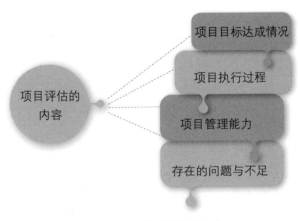

图10-1 项目评估的内容

划完成了任务。评估者需要根据项目计划书、项目报告、项目成果等资料，对项目目标的达成情况进行全面、客观的评估。

如果项目目标达成情况良好，说明项目执行过程顺利，项目管理能力较强，问题与不足较少。反之，如果项目目标达成情况不佳，说明项目执行过程存在问题，项目管理能力有待提高，问题与不足较多。因此，项目目标的达成情况对于评估项目的成功与否具有重要意义。

（2）项目执行过程

评估项目的执行过程需要全面、系统地分析项目的各个阶段、流程和人员。通过评估项目规划、沟通协作、执行效率、风险管理和持续改进等方面，更准确地了解项目的执行情况。

评估项目执行过程应关注的5个方面如表10-1所列。

表10-1　评估项目执行过程应关注的5个方面

项目	要求
评估项目规划	关注目标是否明确、计划是否详尽。检查时间表、预算和资源分配，确保考虑了潜在风险
关注沟通协作	评估团队成员间沟通是否顺畅，与项目干系人沟通是否及时。确保需求、进度和问题得到解决
关注执行效率	评估团队是否按计划推进工作，及时完成任务。避免时间和资源浪费，如重复工作和无效会议
关注风险管理	评估团队是否建立了风险管理机制，及时识别、评估和应对风险，确保项目顺利进行
关注持续改进	评估团队是否对执行问题进行了总结和分析，提出了改进措施。建立持续改进机制，确保项目不断优化

（3）项目管理能力

在评估项目的管理能力时，除了关注项目执行的效率和结果外，还需要深入挖掘项目背后的管理体系和团队协同能力。以下是一些建议，以更全面地评估项目的管理能力。

①考虑项目的整体绩效和客户满意度。项目的成功不仅体现在按时按质完成目标上，更体现在客户的满意度和项目的长期效益上。通过收集客户的反馈和评估项目的长期影响，我们可以更全面地评估项目的管理能力。

②评估项目管理流程的规范性和系统性。一个高效的项目管理流程包括明确的项目目标、详细的计划安排、有效的资源调配、及时的进度监控以及合理的风

险管理。通过审查项目管理文档、会议记录和执行报告，我们可以了解项目团队是否遵循了既定的流程，并能在实际执行中灵活调整以适应变化。

③关注项目团队的协同合作能力。一个优秀的项目团队应该具备高度的凝聚力和执行力，能够迅速响应项目需求，有效解决问题。通过观察团队成员之间的沟通和协作，以及他们在解决冲突和应对挑战时的表现，我们可以评估团队的协同合作能力。

④评估项目管理工具和技术的应用情况。现代项目管理越来越依赖于各种软件和工具来提高工作效率和准确性。通过了解项目团队所使用的工具和技术，以及他们如何将这些工具和技术融入日常工作中，我们可以评估项目管理团队的技术能力和创新能力。

总之，评估项目的管理能力需要综合考虑多个方面，包括项目管理流程的规范性和系统性、团队的协同合作能力、项目管理工具和技术的应用情况以及项目的整体绩效和客户满意度。只有全面而深入地了解这些方面，我们才能更准确地评估项目的管理能力并提出有针对性的改进建议。

（4）问题与不足

评估过程中发现的问题和不足，也可以为项目参与者提供改进的方向，从而提高他们的工作能力和水平。总的来说，项目评估是一项非常重要的工作，它对于项目的成功与否有着直接的影响。因此，我们应该高度重视项目评估的过程，不断完善评估的方法和手段，提高评估的准确性和有效性。

这些内容是评估者判断项目成功与否的重要依据，也是项目参与者总结经验、吸取教训的重要参考。通过这样的评估，可以为今后的项目提供宝贵的参考意见，帮助项目更好地实现其目标，提高项目的成功率。

10.1.3 项目评估的程序

项目评估程序是指评估者在进行项目评估时所遵循的一系列步骤和流程，确保评估过程严格遵循既定规范。项目评估的流程通常包含以下六个关键阶段（图10-2）。

图10-2 项目评估的流程

（1）组建评估小组

对于小型项目可指定专人负责评估；而对于大中型项目，则需组建专业的评估小组，该小组应包含经济师、工程师、会计师等专业人员，并指定一名项目评估负责人。

（2）明确评估对象

评估某项目需要明确具体的评估对象，并根据其特点和性质，确定评估重点和解决的问题。

（3）制订评估计划

评估计划是项目评估的准备阶段，包括明确人员分工、确定项目负责人，并根据项目的性质、特点、评估内容和时间要求，制订详细且切实可行的工作计划。

（4）资料搜集工作

在项目交付前后，必须全面且系统地搜集相关资料。这些资料是评估项目完成情况、取得的成效以及潜在问题的关键。搜集工作要细致、严谨，以确保所搜的集资料可靠、准确，符合项目实际情况。

（5）资料审查与分析

审查分析阶段的核心任务是对前期搜集的资料进行系统整理、严格审核和细致鉴别。通过这一过程，去伪存真，提炼出对项目交付评估具有积极意义的结论和信息。

（6）评估报告撰写

在形成评估结果的基础上，接下来是编写详尽的评估报告。这既是对前一个项目的全面总结，也是对未来工作的重要指导。将会为项目的进一步优化改进或新项目的启动提供有价值的参考和依据。

10.2 项目复盘

10.2.1 项目复盘的概念

复盘是一个围棋术语，是指对弈者在下完一盘棋后把对弈的过程重新摆一遍，看哪里好、哪里不好，有什么好的经验，又有哪些地方需要改进。后来，复盘一词被引用到了股票交易复盘、项目复盘等方面。大到百千亿元的投资项目，小到一次短期旅游的经历都可以通过复盘来总结、收获提升。

在项目结束时，项目经理要以最快的速度召集项目复盘会议，比较理想的时间是项目结束后两周内进行复盘。如果时间过得太久才开会复盘，记忆中的事情会被其他事情影响或冲淡，变得模糊不清。

项目复盘，是在项目结束后，可针对项目进行回顾、反思、探究、提升等一系列的操作，回顾、反思、探究是过程，提升是结果。

复盘既是总结，是对项目某一时间某一件事情的阐述和总结，又是对项目的优化，在总结的基础上进行更深层次的理解，是对某事情、项目等的重新梳理、积累经验和吸取教训。

在整个复盘过程中，建议所有参与过项目的人都参与，尤其是那些承担着关键角色、从头到尾参与项目的人，必须参加，具体人员如图10-3所示。

图10-3　参与项目复盘的人员

10.2.2　项目复盘的内容

项目复盘的内容可以说是非常多，不同的项目，需要复盘的内容也不尽相同。但这并不意味着无规律可循，有几项内容是相对固定的，即绝大部分项目都需要做这几项，如图10-4所示。

图10-4　项目复盘的内容

（1）回顾项目的目标和交付成果

项目复盘要从最初的项目目标开始，询问"我们预期的目标是什么"及"我们真正取得的成果是什么"。

联络人可能要问客户或参与者："你们是否达到了预期目标"，并可以按照项目的"关键成功因素"或"关键绩效指标"，逐个了解项目是否实现了预期目标，是否让客户满意，包括工期、成本、质量等。

（2）回顾项目的计划或过程

对于大型或复杂的项目应该重新审查项目计划，将计划和实际进行的情况进行对比，找出其中的差距。如果可能的话，项目经理可以描绘出项目的"全貌"，这样会很有价值。

联络人可以与小组成员一起，画一个项目实际进度流程图，同时确定各个阶段的核心任务、关键步骤和决策点。使用这种方法可以发现项目哪些环节延迟、哪些提前、哪些完成效率很高、哪些效率低、哪些部分小组成员还不清楚做到了哪一步。

（3）总结做得成功的地方

从做得好的地方开始，应该尽可能积累好的实践经验，并尽量避免错误。同时，多问几个问题，它会使你很快找到问题的根源。比如，"项目中，真正做得很棒的地方是哪些？""在目标实现的过程中，取得成功的有哪几步？"此外，保证每个人都参与到讨论中，尤其是让那些不作声的人员主动发言。

（4）分析成功的原因

找出成功的原因，并总结出来是很重要的，可以在今后重复使用这些经验和建议，指导后续的实践。为了总结出大家公认的经验和建议，在这个阶段，可采用团队对话引导的方式，让大家畅所欲言，以开放的心态自由探讨，不压制任何不同的声音，并将冲突引导为富有建设性的、创造性的对话，逐渐达成共识。

（5）反思哪些可以做得更好

没有完美的项目，即使取得了全面成功的项目也有需要改进的空间。因此，我们要围绕"哪些地方可以做得更好""哪些过程是次优的""还有哪些遗憾或缺陷"等问题，展开讨论。

（6）找出困难和改进建议

项目复盘应放眼未来，不要纠缠于过去的错误。但是，找出"绊脚石"和容易犯的错误能规避将来再犯同类的错误，这也是很重要的。

（7）明确接下来应该做什么

总结完规律还不是最后一步，得把这个规律举一反三、触类旁通。也就是说，项目复盘要付诸应用，才能发挥真正价值。如果未来准备再做一个类似的项目，那么更应该考虑是否能利用刚总结出来的经验，对新项目的计划、方法等加以优化。

同时，再次运用"提问"的技巧。"哪些地方可能会用到我总结好的规律？我在下一次需要应对这种问题时，能不能迅速调取到我记忆中/文件夹中的结论，套用到新的工作中？"

10.2.3　项目复盘的步骤

复盘是个好方法，可以优化弱项、强化强项，还能明确自己的价值，明确工作的价值。一个完整的项目复盘通常包括4个步骤，如图10-5所示。

图10-5　项目复盘的4个步骤

（1）第一步：目标回顾

回顾目标，就是要再次理清最初的目的、目标和期望是什么。立项的时候每个项目都会定下总体目标，然后将目标进一步细分为若干任务去完成它们。所以，在项目结束做复盘的时候，首先就要回顾目标，毕竟项目的目的就是实现目标。可以回顾一下项目结果是否与原定目标相吻合，还是背道而驰。

要认清回顾目标是项目真正希望达成的目标。不要把实现目标的手段当作目标或者是替代目标。打个比方，挣钱本来是为了提升生活水平，使生活更幸福。但不知不觉间，目标发生了偏差，挣更多钱成了唯一目标，即使生活不那么幸福。

回顾目标的时候，不妨问以下几个问题：

①当初行动的意图或目的是什么？

②事件/行动想要达到的目标是什么？

③计划怎么做？预先制订的计划是什么？

④事先设想要发生的事情是什么？

（2）第二步：评估结果

评估结果是找出以上行动中做得好的、待改进的点。这一步需要还原整个项目最终的结果，并将结果与目标进行对比。同时，对结果进行评估，找到结果和原定目标之间的差别，从失败中学习。那么，同样这一步也可以问以下问题。

①实际上发生了什么事？
②在什么情况下发生的？是怎么发生的？
③哪些地方达到了预期，值得借鉴？
④哪些地方未达到预期，有待改进？

（3）第三步：分析原因

事实确定之后就要着手开始诊断，分析存在差异的原因。这一阶段的任务是找出导致成功或失败的根本原因，找出解决问题的办法。在分析原因时要坚持一个原则，就是分析到位，因为分析原因是复盘的关键步骤之一，决定了复盘是否卓有成效。

原因通常分主观原因和客观原因，主观原因是指项目过程中由于自身问题导致的原因；客观原因是指自己无法决定的突发状况。

在分析原因时可以通过以下问题：

①对于项目中的亮点，主观原因有哪些，客观原因有哪些？
②真正起关键作用的因素是什么？
③对于项目中的不足，主观原因有哪些，客观原因有哪些？
④造成不足的根本原因是什么？

有一点需要注意，原因分析这一步不仅有对不足的分析，还有对成功的剖析。失败，搞清楚为什么失败了，是客观原因还是自身原因，以及如何避免；成功，就弄明白为什么会成功，哪些关键行为起了作用，这些行为有没有适用条件等。总之，抓住关键原因，实事求是，客观分析。

举一个错误例子，假如你比较胖，而且是因为吃得太多造成的。吃得太多的原因是餐厅的饭太好吃。那么，是不是就要将自己胖的原因，归到餐厅的饭太好吃呢？如果是，那继续请问下一步解决方案是什么？难不成让餐厅的饭做难吃一点？

再比如，某个销售员这个月的销售业绩比较差，原因是受疫情的影响。诚然，疫情可能确实是一个影响因素，但疫情是客观原因，是改变不了的，这时只有改变能改变的原因才有意义，比如线上转化率太低，这就是一个可以改变结果的关键因素。

（4）第四步：总结经验

复盘的目的在于以史为鉴，核心目的是从以往的行动中学到经验、教训，并将其付诸后续的改进，形成个人能力。因此，确定导致行动成败的关键原因，并总结规律经验，提出解决方案，是整个复盘过程中最重要的步骤，关系到此次复盘是否真的能产生作用。

总结经验时可以围绕以下问题进行：

①从这个事件活动中学到了什么？
②哪些做法可以推广，哪些做法有待改进？
③哪些是可以直接行动的？哪些是其他层级才能处理的？是否要向上汇报？
④接下来该做些什么？

总结经验是复盘的最后一步，也是需要特别谨慎的一步，因为一旦被总结为经验，将成为指导下一次行动的准则。因此，不可以轻易下结论，需要尽可能总结出可以具有更广泛指导意义的经验。

表10-2所列是一个简易的复盘模板，总共包含四个部分，也可以作为项目的结项报告使用。该模板是项目最终目的达成情况的一次总结和复盘。

表10-2　项目复盘（项目结项报告）模板

项目复盘模板	
一、项目基本信息	
项目部门	项目成员
项目启动时间	项目结束时间
项目预算-实际费用	项目重要产出
项目简介：	
二、目标达成情况	
预期目标	实际达成情况和偏差分析
三、经验教训总结 总结在项目执行过程中有哪些值得学习的地方，比如客户沟通、项目管理、风险应对等。可以用STAR法则描述。即： ◇ situation（项目启动的背景）； ◇ target（你的目标是什么）； ◇ action（你做了什么行动）； ◇ result（获得什么结果）。	

续表

项目复盘模板
1.客户沟通
2.项目管理
3.风险应对
4.……

四、项目致谢

你要感谢谁?为什么?(项目中得到哪些人员提供的帮助,无论是不是团队成员,请在此写下感谢的话。)

10.2.4 项目复盘的方法

项目复盘方法与复盘实施步骤是大致对应的,这些方法尽管不是每一步特有的,但基本上是对应的。比如,在计划与行动阶段,可以采用PDCA循环,即计划(plan)、实施(do)、检查(check)、处理(act);在事件回顾阶段可以用到STAR原则,即背景(situation)、目标(target)、行动(action)、结果(result);在规律总结阶段,可以用CVMA方法,即回顾目标和结果对比(compare)、评估价值和关键步骤(value)、发掘规律和寻找共性(method)、总结反思和场景应用(apply)。

接下来就介绍一下如何用PDCA循环计划行动、用STAR原则回顾事件、用CVMA方法总结规律。

(1)PDCA原则

PDCA循环多运用在计划过程和行动过程中,即按照"P做计划→D计划实施→C检查实施效果→A结果处理和改善的思路"进行。

(2)STAR原则

STAR原则是项目复盘第二步时通常用到的原则,即对事件进行回顾时可以采用的原则,具体如图10-6所示。

S(situation):做这个项目的背景是什么?是用来解决什么已知问题的?

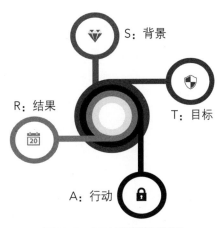

图10-6 STAR原则示意图

T（target）：原来的行动目标是怎样的？是否有可以量化的数据指标？
A（action）：你们采取了什么行动？你在其中负责什么环节？
R（result）：完成得怎么样？结果如何？

（3）CVMA过程

在复盘的第三步可以采用CVMA过程，目的是更好地总结规律。CVMA同样是由4个英文单词首字母组成，具体示意图如图10-7所示。

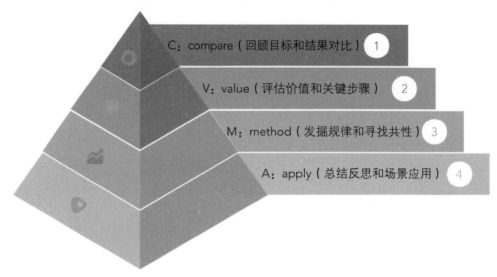

图10-7　CVMA示意图

①C：compare（回顾目标和结果对比）。

这一步主要的目的是把项目的流程图重新梳理出来，看看项目主要有哪些环节，各个环节的初始设定目标是什么。

同时，针对各个环节的目标梳理出对应的结果，并回忆每一个环节的所做、所想。当时是怎么想的？遇到了什么问题？是怎么解决的？能否优化？

最后，看一下目标和结果的匹配度，可以通过表格的形式更直观地体现。然后再分析原因，如果匹配得比较好，说明那种方法论比较奏效，是不是可以沉淀到下一次方案中？如果结果没有达到预期，是什么原因？下次如何规避？

②V：value（评估价值和关键步骤）。

这一步是评估自己在项目里所负责的环节中发挥了哪些价值。哪一步是关键步骤？整体来看这个项目/工作内容，哪些事是价值度最高的？自己多大程度地参与其中了？

价值高的环节如果自己很好地参与了，以后如何保持参与，甚至全权负责？

如果没有很好的参与，是因为哪些步骤没做好？以后如何改善？

③M：method（发掘规律和寻找共性）。

在目标结果比对和评估价值的同时，需要总结规律，以便于应用到下一次的工作或项目中。在探寻规律时，为提高准确性可以采用图10-8中的方法。

▶ 先假设没有，然后再看结论是否还存在，排除不可控因素和偶然因素；

▶ 然后用因果规律进行总结，寻找规律和共性。

图10-8 发掘规律和寻找共性的方法

举个例子，我们通常说加班时间长＝好员工，如何从中发现规律和共性呢？首先可以这样思考：

"不加班，有没有可能是好员工？"当然可能，于是这条规律就被推翻了；如果暂时找不到反例，那么我们就认为这条规律目前是正确的。

用因果关系寻找规律、共性，是指要善于问为什么，针对想要分析的问题，多次问为什么。这个方法并不是说简单的多次，而是问题与问题之间要有逻辑和连续性，直到已经找到问题的根本原因，且现有资源可以解决时就可以。

④A：apply（总结反思和场景应用）。

总结完规律还不是最后一步，而是要用这个规律举一反三、触类旁通。总结出的规律不仅仅适用于目前这个领域，还可以运用到其他的地方。

附录1 项目管理主要环节流程图

1.1 项目管理整体框架图

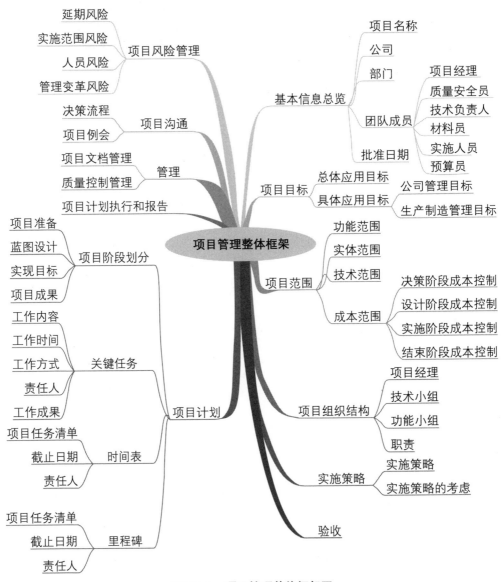

附图1-1 项目管理整体框架图

1.2 项目管理的生命周期

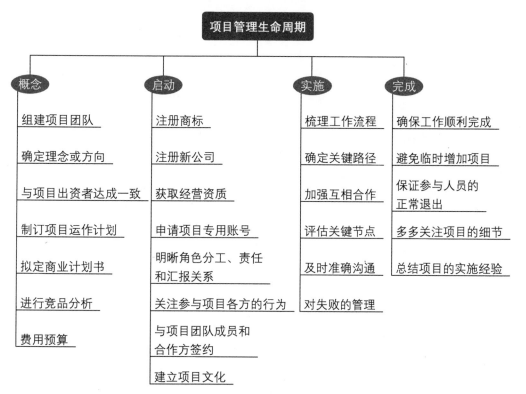

附图1-2 项目管理的生命周期

1.3 项目经理个人技能导图

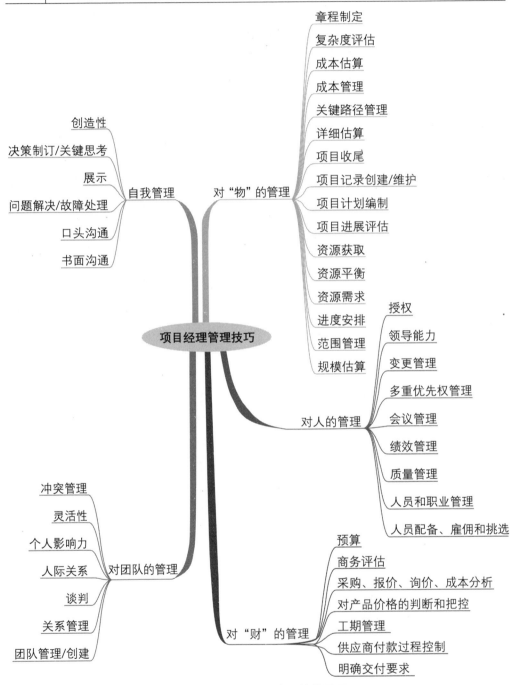

附图1-3　项目经理个人技能导图

1.4 项目全流程管理示意图

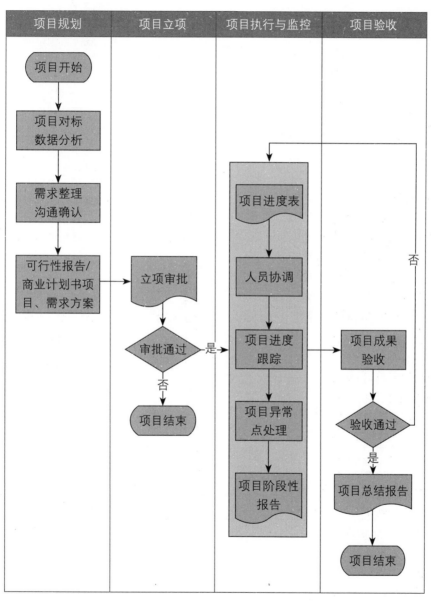

附图1-4　项目全流程管理示意图

1.5 项目计划制订流程图

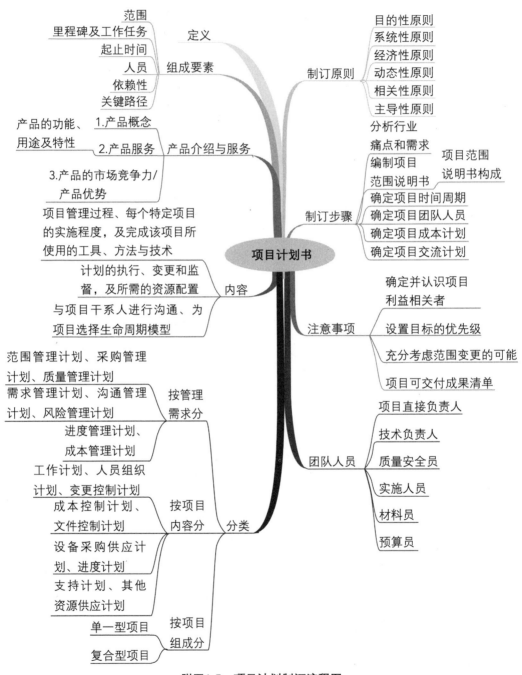

附图1-5 项目计划制订流程图

1.6 项目立项审批流程图

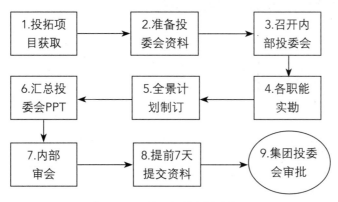

附图1-6　项目立项审批流程图

1.7 项目验收流程图

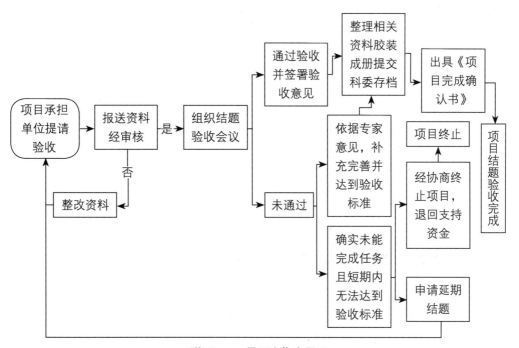

附图1-7　项目验收流程图

附录2　项目管理常用术语解释

2.1　基线概述及项目管理的3个基线

（1）概述

基线是项目经理最常用到的项目管理术语之一，用于衡量项目的绩效。

（2）项目管理的3个基线

项目管理中有3个基线，分别是进度基线、成本基线和范围基线，三者的组合被认为是完整的性能测量基线。

①范围基线。

范围基线是经过批准的范围说明书、工作分解结构（work breakdown structure，WBS）和相应的WBS词典，只有通过正式的变更控制程序才能进行变更，它被用作比较的基础。

②进度基线。

进度基线是经过批准的进度模型，只有通过正式的变更控制程序才能进行变更，它被用作与实际结果进行比较的依据。它被相关干系人接受和批准，其中包含基准开始日期和基准结束日期。在监控过程中，将用实际开始和结束日期与批准的基准日期进行比较，以确定是否存在偏差。

③成本基线。

成本基线是指基于时间段分布的预算，项目经理用之度量和监控成本执行情况。

2.2　可交付成果概述及48个可交付成果

（1）概述

每个项目都需要有一个交付给客户所需的结果或输出承诺。那么，这个承诺就称为可交付成果。确立可交付成果对于一个成功的项目来说是最重要的。

可交付成果一般包括可感知或不可感知的目标。可感知的，比如文档、报告、最终产品或项目块是最佳示例；不可感知的，比如项目某阶段、过程中产生的独特的信息、数据、体验或服务。

（2）项目管理48个可交付成果

项目管理48个可交付成果如附表2-1所列。

附表2-1 项目管理48个可交付成果

序号	内容	序号	内容	序号	内容	序号	内容
1	项目说明书	13	范围管理计划	25	成本计划	37	沟通管理计划
2	项目计划	14	需求管理计划	26	活动成本预算	38	风险管理计划
3	项目章程	15	干系人登记册	27	成本基准	39	采购管理计划
4	活动清单、属性	16	干系人管理计划	28	项目资金需求	40	采购合同采购文件
5	项目文件、数据、协议	17	工作分解结构（WBS）	29	质量控制测量结果	41	采购工作说明书（SOW）
6	商业论证、数据	18	项目管理说明书	30	问题日志	42	供方选择标准
7	工作绩效数据	19	进度管理计划	31	过程改进计划	43	合格卖方清单
8	工作绩效信息	20	里程碑清单	32	质量测量标准	44	卖方建议书
9	工作绩效报告	21	项目进度计划	33	质量核对单	45	选定的卖方
10	变更请求	22	风险登记册	34	质量管理计划	46	核实的可交付成果
11	范围基准	23	项目人分排	35	团队绩效评估	47	验收的可交付成果
12	批准、确认的变更请求	24	项目数据、项目日志	36	人力资源管理计划	48	最终产品、服务和成果

2.3 工作分解结构概述及工作分解结构表模板

（1）概述

工作分解结构即WBS，是项目管理中重要的术语之一，是指以可交付成果为导向，对项目要素的向下分解，它定义了项目的整个工作范围，每下降一层代表对项目的更细分定义。

具体是按照"项目→任务→工作→日常工作"的路径进行的。即将一个项目，按一定的原则进行分解，项目分解成任务，任务再分解成一项项工作，一项项工作再分配到每个执行者的日常工作中，直到分解不下去为止。

WBS处于计划过程的中心，通过分解可以让项目团队轻松理解WBS的每个级别。WBS是制订进度计划、资源需求、成本预算、风险管理计划和采购计划等的重要基础。

（2）工作分解结构表模板

工作分解结构表模板如附表2-2所示。

附表2-2 工作分解结构表（WBS）

工作分解结构表（WBS）												
一、项目基本情况												
项目名称			T客户考察公司				项目编号			T0808		
制作人			张三				审核人			李四		
项目经理			张三				制作日期					
二、工作分解结构（R-负责 responsible；As-辅助 assist；I-通知 informed；Ap-审批 to approve）												

分解代码	任务名称	包含活动	工时估算	人力资源	其他资源	费用估算	工期	张某	李某	王某	赵某	吴某	刘某	张某
1.1	邀请客户	提交邀请函给客户	0.5	2			1	I	Ap	R	I	I	I	I
1.2		安排行程	2	3			2	R	Ap	As	I	I	I	As
1.3		与客户确认行程安排	0.5	1			1	I	Ap	R	I	I	I	I
2.1	落实资源	安排我司高层接待资源	1	2			1	R	Ap	As	I	I	I	I
2.2		安排各部门座谈人员	2	6			2	Ap	I	I	As	As	R	I
2.3		确定总部可参观场所	0.5	4			1	Ap	I	I	As	As	R	I
3.1	预订后勤资源	预订国际机票	0.5	1	机票6张	120000	1	Ap	I	As	I	I	I	As
3.2		预订酒店	0.25	1	酒店房间6间	35000	1	Ap	I	As	I	I	I	R
3.3		预订陆上交通车	0.25	1	2辆车×7天	15000	1	Ap	I	As	I	I	I	R
3.4		预订用餐	0.5	1		20000	1	Ap	I	As	I	I	I	R
3.5		预订观光门票	0.5	1	门票6套	10000	1	Ap	I	As	I	I	I	R

工作分解结构表（WBS）											
4.1	实施考察接待	启程	1	3		1	I	As	R	I	I	I	As
4.2		展厅、生产线、物流参观	0.5	6		1	As	As	As	I	R	As	As
4.3		实验室考察	0.5	3		1	I	I	As	I	I	R	I
4.4		样板点考察	1	4		1	I	I	R	I	As	I	I
4.5		系列座谈	2	20		2	R	As	As	As	As	I	I
4.6		观光	1	2		1	I	As	I	I	I	R	
4.7		返程	1	2		1	As	R	I	I	I	I
5.1	后续事宜跟踪	座谈交流问题点落实	3	6		3	R	As	As	As	As	I
5.2		代表处主管回访	0.5	2		1	I	R	As	I	I	I	I
5.3		代表处反馈考察效果	0.5	1		1	I	Ap	R	I	I	I	I
5.4		提交总结报告	1	3		1	R	Ap	As	I	I	I	As

2.4 里程碑概述及里程碑清单模板

（1）概述

里程碑是项目管理的一种方式，用于计划、调度、跟踪和沟通项目管理的进程中。它标志着上一个阶段结束、下一个阶段开始，对整个项目目标的实现有重要的引导作用。

里程碑有明确的任务起止点或重要的事件，这些时间点或事件标志着项目中的重要时刻。里程碑是甘特图的组成部分之一，能在以菱形呈现的项目进度表中看到，主要用于起步阶段、结束阶段、计划中的固定日期。

（2）里程碑清单模板

以某地产项目为例，在整个项目过程中，主要的里程碑事件如附图2-1所示。

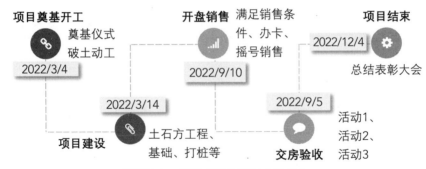

附图2-1 里程碑清单模板（举例）

转换成表格如附表2-3所列。

附表2-3 里程碑清单模板（举例）

日期	里程碑事件	具体内容
2022/3/4	项目奠基开工	奠基仪式，破土动工
2022/3/14	项目建设	土石方工程、基础、打桩等
2022/9/10	开盘销售	满足销售条件、办卡、摇号销售
2023/9/5	交房验收	活动1、活动2、活动3
2023/12/4	项目结束	总结表彰大会

2.5 甘特图概述及甘特图模板

（1）概述

甘特图是一种以图形方式显示预定信息的条形图，这些图形对于项目的计划和调度非常有用。它有助于项目团队和发起人了解项目的进度，看到在某个日期之前取得的成果；梳理和优化管理任务之间关系，如果项目落后于计划则可以采取行动使其步入正轨。

（2）甘特图模板

甘特图模板示例如附表2-4所示。

项目管理常用术语解释

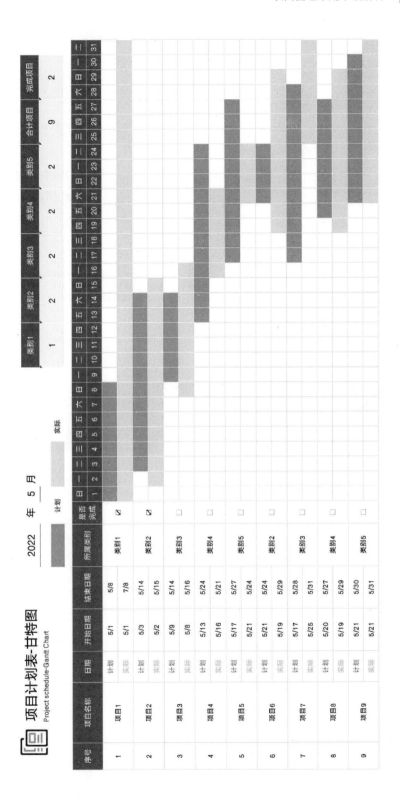

附表2-4 甘特图模板示例

2.6 干系人概述及项目干系人分析表模板

（1）概述

干系人在项目管理中非常重要，是必须知道的项目管理术语之一。通常是指积极参与项目实施，或者在项目完成后其利益可能受积极或消极影响的个人或组织，如客户、发起人、执行组织或公众。

不同干系人在项目中责任和职权各不相同，并且可随项目生命周期的进展而变化。有些只偶尔参与项目调查或焦点小组的活动，有些则为项目提供全力支持，包括资金和行政支持。干系人对项目及其可交付成果施加积极的影响，不过，也可能是负面的影响。

因此，一个项目在确定干系人时，需要对干系人进行识别分析，并理解他们对项目的积极影响力，这是至关重要的。

（2）项目干系人分析表模板

项目干系人分析表模板如附表2-5所示。

附表2-5　项目干系人分析表模板

项目名称：×××项目						
序号	姓名	职务	负责业务	是否支持本公司	状态描述	应对策略
1	张三	财务总监	负责项目选型	是	老用户，一直比较支持公司业务	可多接触交流即可
2	李四	信息部主管	负责项目选型	否	比较支持竞争对手，对本公司的意见比较大，认为公司服务比较差，产品问题比较多，但性格比较容易被说服	需要多接触交流说服，对其需求要积极响应并评估，作出合理的反应。同时商务可多给予一些小的实惠加以影响
3						
4						
5						

2.7 项目活动概述

活动一般出现在项目进度计划中，被认为是项目的最小部分，是项目实施过程中工作的组成部分。每项工作或工作包由一个活动组成，它通过变成小任务来促成整个项目目标的逐步达成。

项目活动具备多种属性，包括活动编码、活动成本估算、活动持续时间、活动标识、活动清单等。

①活动编码。

活动编码是由一位或多位数字或字符组成，用来识别工作的特征，或者用某种方式对进度活动进行分类，以便在报告中对活动进行筛选和排序。

②活动成本估算。

活动成本估算即活动的预计成本，包括执行和完成该活动所需的全部资源的成本、全部成本类型和成本元素。

③活动持续时间。

活动持续时间是指活动从开始到完成的时间长度，通常用日历单位表示。

④活动标识。

活动标识是指为了使项目活动彼此区别，而分配给每项进度活动的简短且唯一的数字或字符标识。在任何一个项目进度网络图中，活动标识通常是唯一的。

⑤活动资源需求。

活动资源需求是指工作包中的每个活动所需的资源类型和数量。

⑥活动清单。

活动清单是一份记录进度活动的表格，包含活动描述、活动标识及足够详细的工作范围描述，以便项目团队成员了解所需执行的工作。

⑦项目活动编码模板（以工程项目为例）。

编码通常是五级编码，用十二位阿拉伯数字表示。一、二、三、四级编码统一；第五级编码由清单编制人区分具体的清单项目特征而分别编码。

各级编码的含义：

a.第一级表示分类码（分二位，按《建设工程工程量清单计价规范》GB 50500—2013附录顺序确定）。

b.第二级表示章（专业工程）顺序码（分二位）。

c.第三级表示节（分部工程）顺序码（分二位）。

d.第四级表示清单项目（分项工程）名称码（分三位）。

e.第五级表示拟建工程量清单项目顺序码（分三位），由编制人依据项目特征的区别，从001开始。

2.8 敏捷概述

敏捷是一种特别用于产品和项目管理的方法，通常用于短时间的工作，以迭代方式交付软件项目。

敏捷最初是用于工程和信息技术项目开发中的，但随着不断创新成为了最流行的项目管理术语，被多个行业引入。近年来，越来越多的项目开始采用敏捷的方法来做管理，在很多公司的桌椅旁边到处可见白板和贴满各种颜色便签的任务墙，每天大家围着白板开个站会，这其实就是敏捷的特征。

敏捷，最大的优势就是灵活的工作方式，是为了应对项目在管理过程中出现突发情况和意外。为了更好地理解，对此，我们来看一个形象的比喻。

船舶出航前，会制订周密的航行计划，以对出航期间的水文、天气、海况做到了如指掌，要对电/磁罗经、六分仪、观通导航设备进行彻底检查与校准，尤其是航海时间较长的。从理论上讲，出航之后按照既定的航行计划走就是了，可为什么在途中还要设置诸多检查点，在检查点上航海部门要重新校准计算舰位呢？这是因为航行计划在实际航行过程中，可能受到诸多因素的影响，单凭仪表盘和图纸是无法保证航行安全的。

同理，在项目管理过程中，单凭事前制订的一成不变的计划，很难保证项目的最终成功。于是，引入了"敏捷"管理，目的就是对频繁的动态变更实施全方位的管理。

敏捷管理简化了繁琐的流程和文档管理，主张团队内部的面对面沟通和交流。在面对时刻变化的需求中执行简单、持续集成、不断交付、价值优先、拥抱变化的原则。

这就需要开发者、管理者和用户都改变他们的工作习惯和思考的方式。从规划和设计、计划与跟踪、迭代开发、持续交付这些方面，敏捷开发都意味着不断推翻之前的原型。这就对项目的风险控制产生了极高的要求。传统项目管理要求项目在规划过程中规划风险管理、识别风险，并且对风险进行定性/定量分析，给出风险应对方案。